PARERGA

Philosophie und andere Künste

Ute Guzzoni

WOHNEN
UND
WANDERN

Ute Guzzoni

Wohnen und Wandern

PARERGA

Die Deutsche Bibliothek – CIP-Einheitsaufnahme

Ute Guzzoni:
Wohnen und Wandern / Ute Guzzoni. - 1. Aufl. - Düsseldorf :
Parerga, 1999
  ISBN 3-930450-38-0

Erste Auflage 1999
© Parerga Verlag GmbH, Düsseldorf
Alle Rechte vorbehalten – Printed in Germany
Umschlaggestaltung: Martin Schack, Dortmund
unter Verwendung eines Bildes von Karin Meinel,
Land-e-scape 96 I, 1996 (Ausschnitt)
Herstellung: WB-Druck, Rieden am Forggensee
ISBN 3-930450-38-0

„Sonne und Mond, Tage und und Monate verweilen nur kurz als Gäste ewiger Zeiten", und so ist es mit den Jahren auch: sie gehen und kommen, sind stets auf Reisen. Nicht anders ergeht es den Menschen, die ihr ganzes Leben auf Booten dahinschaukeln lassen, oder jenen, die mit ihren am Zügel geführten Pferden dem Alter entgegenziehen: tagtäglich unterwegs, machen sie das Reisen zu ihrem ständigen Aufenthalt.

(Bashô, Auf schmalen Pfaden durchs Hinterland, 43)

Inhalt

I. Einführung: Wohnen und Wandern im Haus der Welt 11

II. Das Wohnen 25
   1) Die Menschen als Wohnende 25
   2) Das Wohnen mit Dingen und das sinnliche Haus 28
   3) Wohnen miteinander 33
   4) Großstädtisches Wohnen 41
      a. Rationalität, Individualität und Anonymität in der
         Großstadt 41
      b. Die Großstadt – auf der Erde, unter dem Himmel? 49

III. Der Raum der Welt 55
   1) Orte und Richtungen des Wohnens in der Welt 55
   2) Raum des „Diesseits" und Raum des „Jenseits" 63
   3) Wohnungen der Toten und Wohnungen der Götter 69

IV. Die Wanderer 73
   1) Pilger zum Jenseits und Wanderer im Diesseits.............. 73
   2) Wandern durch die Welt: Nomaden und Seefahrer 79
   3) Ankommen und aufbrechen, aufbrechen und
      ankommen 84

V. Das Haus der Welt zwischen Himmel und Erde 87
   1) Zwischen Himmel und Erde 87
   2) Der Horizont der Welt.............................. 97

Anmerkungen 103

Zitierte Literatur 105

I. Einführung:
Wohnen und Wandern im Haus der Welt

Wohnen und wandern, wandern und wohnen. Sich nieder-
lassen, seßhaft sein, einen Raum einnehmen. Und: Richtungen einschlagen, Perspektiven wählen, Wege gehen,
Räume durchwandern.

Zwar wohnen wir nicht nur, wir arbeiten auch, wir bauen und
zerstören, wir kommunizieren mit Anderen. Und wir wandern nicht
nur, auch wenn wir uns ständig von einem Ort zum anderen bewegen und heute mobiler sind, als es die meisten seßhaften Menschen vor uns waren. Dennoch wohnen und wandern wir nicht
nur unter anderem, gleichsam nebenbei, sondern Wohnen und
Wandern sind grundsätzliche Bestimmungen unseres In-der-Welt-
seins. Ihre Bedeutung für eine heutige Besinnung auf das, was wir
sind und sein wollen, liegt für mich darin, daß sie das konkrete
menschliche Sein auf der Erde und unter dem Himmel betreffen
und sich damit kritisch gegen die traditionelle, bewußt abstrakte
Bestimmung des Menschen, z.B. als animal rationale, richten. In
der scheinbar gegensätzlichen und in der Tat gegenwendigen, zugleich aber ineinander verschränkten Zweiheit von Wohnen und
Wandern erfüllen wir Menschen unsere Räumlichkeit und unsere
Zeitlichkeit, tragen wir die Räumlichkeit und die Zeitlichkeit der
Welt in unserem eigenen Sein mit aus.

Wenn es darum geht, das Menschsein als ein konkretes, „lebendiges" zu bestimmen, dann sind das Wohnen und das Wandern
zwei – nicht die beiden, aber doch zwei ausgezeichnete – Wege,
besser zu verstehen, wer und wie wir sind und sein wollen. Besinnen wir uns darauf, daß wir als Menschen die Welt bewohnen und
durchwandern, so vergewissert sich unser Selbstverständnis eines
Ortes, an dem es zuhause sein kann. Nach einer langen Phase me-
taphysischer Exterritorialität situiert es sich in einer Welt der Sinnlichkeit und Zufälligkeit, des je erst Entstehenden und je wieder
Vergehenden. Negativ ist damit gesagt, daß die maßgebliche Er-
fahrensweise nicht mehr in dem alles Fühlen und sinnliche Wahrnehmen prinzipiell übersteigenden, abstrahierend rationalen Zugriff auf allgemeine Gesetze, Prinzipien und Normen gesehen wird,
sondern vielmehr im Sich-hingehörig-fühlen an einen Ort, vielleicht in eine Gemeinschaft, im Sich-einfügen in eine Situation, im

räumlichen und zeitlichen Weilen in einer bestimmten Umgebung. Sprechen wir von uns als Wohnenden, so sprechen wir aus einer Zu- und Hingehörigkeit, es ist eine gewisse Vertrautheit, sogar so etwas wie eine Verwurzelung im Spiel. Wissen wir uns als Wandernde, dann öffnen sich die Wohnungen zu Wegen, Innen und Außen verschränken sich mit- und ineinander, wir sind unterwegs.

Wenn wir Räume durchwandern und Wege gehen, schließt das das Wohnen nicht aus, sondern ein; auch wo das Leben als ein – sowohl räumliches wie zeitliches – Unterwegssein begriffen wird, ist dieses Unterwegssein ein Wohnen an je unterschiedlichen Orten, allgemeiner, ein Wohnen im Raum. Wir wandern nicht nur. Wenn wir uns von einem Ort zum anderen bewegen, nehmen wir diese Orte auch ein, haben wir uns in bestimmte Situationen und Plätze eingewöhnt und bewohnen den Raum, in dem und durch den wir uns bewegen. Verstehen wir uns als Wandernde, dann öffnen sich die Wohnungen zu Wegen, und die Wege selbst werden zu unseren Wohnungen, innen und außen verschränken sich mit- und ineinander, das Reisen selbst wird, wie Bashô es nennt, zu unserem Aufenthalt: „'Sonne und Mond, Tage und Monate verweilen nur kurz als Gäste ewiger Zeiten', und so ist es mit den Jahren auch: sie gehen und kommen, sind stets auf Reisen. Nicht anders ergeht es den Menschen, die ihr ganzes Leben auf Booten dahinschaukeln lassen, oder jenen, die mit ihren am Zügel geführten Pferden dem Alter entgegenziehen: tagtäglich unterwegs, machen sie das Reisen zu ihrem ständigen Aufenthalt." (Auf schmalen Pfaden durchs Hinterland, 43)

Mit dem Wohnen verbindet man eine gewisse Ständigkeit, eine Gewohnheit und ein Gewöhntsein, ein Heimischsein an einem bestimmten Ort und über eine bestimmte Zeitspanne hinweg. Demgegenüber ist das Wandern ein Bewegt- und Unterwegssein; auf der Wanderschaft begegnet das Fremde und Neue, das Ungewohnte und Ungewöhnliche. Das Wandern und Unterwegssein ist das Gegenteil zur Seßhaftigkeit. Es hat keinen festen Ort; mit dem Ortswechsel wandelt es sich selbst, bleibt der Offenheit ausgesetzt. Es bewegt sich im Draußen, im Offenen und Unbekannten, im „feindlichen Leben", es läßt sich auf die Herausforderungen des Fremden und Unvertrauten ein und sucht sich in ihnen zu bewähren. Das Sichbewegen von einem Ort zum anderen vertraut sich dem nicht an Raum und Zeit gebundenen Geist und den schweifenden Gedanken an, während das Wohnen als das „Naturwüchsigere", Stoff- und Erdgebundenere erscheint. Es ist ein Sicheinrichten im „Drinnen" und Geschlossenen, in einem Bereich des Vertrauten, – traditionell hätte man gesagt: innerhalb der Domäne des „Weiblichen". Betreten wir unsere Wohnung, dann lassen wir das Äußere und Offene hinter uns, wir lassen uns nieder und kommen zur Ruhe.

Entgegen dem Anschein verweisen beide auch aufeinander: Ein Wohnen ohne Wandern ist unbeweglich, ein Wandern ohne Wohnen voller Unruhe. Sie brauchen einander wie Einatmen und Ausatmen, wie Licht und Dunkelheit, wie Innen und Außen. Sie bestehen nicht bloß neben- und nacheinander, sondern ineinander, so daß das Wohnen selbst ein wanderndes, das Wandern ein wohnendes ist. Diese Doppelbestimmung gibt dem Leben auf der Erde die Leichtigkeit und die Schwere, deren es bedarf, um wissentlich-willentlich gelebt zu werden.

Heidegger schreibt in „Hebel – Der Hausfreund": „Denken wir das Zeitwort 'wohnen' weit und wesentlich genug, dann nennt es uns die Weise, nach der die Menschen auf der Erde unter dem Himmel die Wanderung von der Geburt bis in den Tod vollbringen. Diese Wanderung ist vielgestaltig und reich an Wandlungen. Überall bleibt jedoch die Wanderung der Hauptzug des Wohnens als des menschlichen Aufenthaltes zwischen Erde und Himmel, zwischen Geburt und Tod, zwischen Freude und Schmerz, zwischen Werk und Wort./ Nennen wir dieses vielfältige Zwischen die Welt, dann ist die Welt das Haus, das die Sterblichen bewohnen." (17f.)

Diese Passage kann als ein Ausgangspunkt und zugleich als ein Brennpunkt meiner Überlegungen und Gedanken in diesem Buch angesehen werden. Implizit werde ich mich ihrer Aussage an verschiedenen Stellen wieder nähern, – so wie man auf einer Wanderung durch die Landschaft zur Ausrichtung der Blicke und der Schritte immer neu auf einen ausgezeichneten Punkt, einen alleinstehenden Baum, eine Kirchturmspitze oder die Brücke über einen Wasserlauf zurückkommen kann. Was gerade nicht heißt, daß es dabei um diesen Punkt selbst zu tun wäre.

In den Sätzen von Heidegger werden die beiden scheinbar einander widersprechenden Weisen, sich zur Räumlichkeit, oder vielleicht besser in der Räumlichkeit (und Zeitlichkeit) des In-der-Weltseins zu verhalten, ausdrücklich ineinander verschränkt. Das gegenseitige Aufeinanderverweisen von Wohnen und Wandern scheint auf die Spitze getrieben. Heidegger spricht das Wohnen als „die Weise" unseres Wanderns und das Wandern als den „Hauptzug" des Wohnens an. Dieser Versuch, im Wandern selbst ein Wohnen und im Wohnen selbst ein Wandern zu sehen, ist zunächst überraschend. Wohnt man irgendwo, so hat man gewöhnlich die Wanderschaft aufgegeben und sich zur Ruhe gesetzt; umgekehrt verläßt man, wenn man wandert, den festen Wohnsitz und gelangt ins Unstete und Unsichere. Wäre der Hauptzug des Wohnens wirklich die Wanderung, verfiele es dann nicht der Rast- und Ruhelosigkeit, wie sie den fahrenden Leuten, vielleicht auch den Seefahrern eigen ist, verkehrte sich das Zuhausesein dann nicht in ein Unbehaustsein? Wäre auf der anderen Seite das Wandern wirklich ein Wohnen, verlöre es dann nicht den Charakter des Unbeschwerten und Offenen, der Weite und des Abenteuers?

Das, was beide in Eines zusammenführt, ist, daß Wohnen und Wandern einen gemeinsamen Raum haben, die Welt. Sie ist der Raum, in dem wir uns zeitlebens aufhalten und der uns, mit wechselnden Grenzen und Perspektiven und Horizonten, zeitlebens bestimmt. Wenn das Menschsein wesenhaft ein Wohnen ist, dann ist es ein Wohnen im „Haus der Welt", dann weiß es sich zuhause auf der Erde und unter dem Himmel. In einer solchen Weite Wohnung zu nehmen heißt, diese Weite nicht nur zu durchstehen, sondern sie auch zu durchgehen, ihre Spannungen auszutragen, sich in ihre Bewegtheiten einzufügen. Und umgekehrt: wenn das Menschsein ein Wandern ist, dann macht es „die ganze Welt" zu seiner Wohnung, auch wenn es dabei immer wieder zu neuen, noch unbekannten Räumen und in entlegene Gegenden vorstößt.

Daß wir als Menschen in der Welt wohnen und die Welt durchwandern, das müssen wir nicht notwendig auch bewußt realisieren. Wir können auch so leben, als kämen wir bloß irgendwo vor, ohne wirklich in der Welt das Haus unseres Wohnens zu sehen und uns auf der Wanderschaft in ihr zu erfahren. Der wissenschaftlich-technische Geist der abendländischen Tradition hat tendenziell vom In-der-Welt-sein und insbesondere vom gelebten Bezug zu ihm abstrahiert. Sowohl das wissenschaftliche wie das technische Verhalten ist ein weitgehend weltloses, – obgleich das Sein in der Welt faktisch alles Verhalten unterläuft. Über das Wohnen und das Wandern nachzudenken, heißt darum, es allererst zu lernen. Unseren Ort auf der Erde und unter dem Himmel zu übernehmen. Wohnung zu nehmen da, wo wir schon sind. Zu gehen auf dem Weg, den wir schon gehen.

„Auf der Erde und unter dem Himmel" – das ist nicht nur so dahingesagt. Verstehen wir das In-der-Welt-sein als Wohnen und Wandern, dann zeigt sich die Welt in einer in der Reflexion sonst meist übersehenen, konkreten Räumlichkeit, in der die Dimensionen des Oben und Unten, die Richtungen nach vorn und zurück, die Gegenden zu unseren Seiten und um uns herum ihre je eigene, auszeichnende Bedeutung haben. So wohnen wir auf der und wandern über die Erde, gleichgültig, ob wir uns im Dorf oder in der Stadt aufhalten, ob wir über Straßen oder Wege, über den Markt oder am Meer entlang, durchs Gebirge oder durch die Wüste gehen. Und wir wohnen und wandern unter dem Himmel, begleitet von seinen Erscheinungen und Veränderungen, einbehalten in seine sinnhaften Bezüge.

Der Ort des Wohnens und Wanderns ist keine objektive, durch Koordinaten bestimmbare Raumstelle, sondern eine konkret gelebte Räumlichkeit. Der Wohnung drückt man seinen Stempel auf, richtet sie – und sich in ihr – ein, macht sie zu einem eingeräumten Raum, mit Eigentümlichkeiten, die dem Wohnenden selbst entsprechen, mit bestimmten Ausmessungen, einer spezifischen eigenen Atmosphäre. Das Wandern durchmißt Nähen und Fernen, Höhen und Tiefen, es durcheilt Gegenden und verhält an Plätzen. Die welthafte Räumlichkeit des Wohnens und Wanderns als eines geborenen und sterblichen Auf-der-Erde-seins steht in Gegensatz zu der prinzipiellen und gewollten Ortlosigkeit des traditionellen philosophischen und wissenschaftlichen Diskurses.

Das zu betonen, bedeutet keine Absage an das Denken überhaupt, es impliziert vielmehr den Versuch, das Denken zu verändern, es zu einem „sinnlichen", ich sage auch: einem „landschaftlichen Denken" (Vgl. v. Verf.: Wege im Denken, 34) werden zu lassen. Das sinnliche oder landschaftliche oder auch wohnende Denken ist ein Denken, das nicht vom Einzelnen und Besonderen abstrahiert und es unter allgemeine Begriffe subsumiert, sondern das sich auf Anderes und Fremdes einläßt, dessen Windungen und Wendungen folgt, das Ferne wie Nähe, Erstaunlichkeit wie Vertrautheit zu erfahren und auszuhalten vermag.

Zwar schafft auch das moderne, aktiv in die Welt ausgreifende, begreifend aneignende und produzierende Menschsein des weltlosen Subjekts eine spezifische „Räumlichkeit", es vollzieht sich in einem Raum des Gegenüber und der Über- und Unterordnung. Aber dieser Raum ist wesentlich formalisiert, auf Abstraktion hin angelegt bzw. durch Abstraktion entstanden; es gibt für ihn kein Darinnensein, kein Mit- und Dabeisein, keine Hineingehörigkeit und keine Nähe und Ferne. Eben darum ist er ein weltloser Raum.

Dieser objektive Bereich ist niemals die Welt, in die wir hineingeboren sind, der Raum zwischen Himmel und Erde, in dem wir leben. Im Gegensatz zu den erkennenden Beziehungen zum Gegenstand, die linear und einsinnig, vektoriell und intentional sind, haben die Befindlichkeiten unseres faktischen Lebens einen weiten, raumerfüllenden Charakter; die Räumlichkeit und die Weltlichkeit gehen darum auch nicht in dem Sinne vom Menschen aus, daß er sich mit ihnen und durch sie auf etwas richten würde, vielmehr findet er sich, indem er sich überhaupt auf etwas bezieht, in ihnen vor. Zudem sind wir auch darum, weil wir es mit Menschen zu tun haben – und auf die eine oder andere Weise haben wir es immer auch mit Menschen zu tun –, nie mehr in einem exakt objektiven, sondern immer schon in einem intersubjektiv geschaffenen Bereich, in dem die Bahnen vom Einen zum Anderen einen Raum durchmessen, überbrücken oder auch aufreißen.

Die Weisen, wie das Wohnen und das Wandern ihren Raum erfüllen, unterscheiden sich voneinander. Ist der bewohnte Raum ein eingeräumter, eingerichteter, eingegrenzter Raum, so gibt oder läßt ihm das Wandern seine Weite und Offenheit, es greift – trotz der Einshaftigkeit der Welt – in das Ungemessene aus, in das sich je und je Ergebende und wieder Vergehende. Zwar liegt der offene Raum als Zukunft vor und als Vergangenheit hinter dem wandernden Schritt. Doch beide sind wie Strahlen, die sich vom Wandernden aus erstrecken, mit ihm mitwandern und so ein Dunkel erhellen, das als erhelltes gleichwohl Dunkel, eine Leere, die als erfüllte gleichwohl Leere bleibt.

Das Wandern ist ein Vollzug und eine Haltung; das, was Heidegger „Gelassenheit" nennt, ließe sich als Wandern, als Aufbrechen und Aufgebrochensein in die Offenheit deuten. Er bezeichnet sie als ein In-die-Nähe-kommen zum Fernen. Gelassenheit ist wie das Wandern ein Schwebezustand, ein Ausgesetztsein zwischen Irgendwo und Nirgendwo. Allerdings fällt das Ausgesetztsein nicht ins Bodenlose, als nahe gewinnt die Ferne ihre eigene Vertrautheit. Damit das Wandern kein ruheloses ist, bedarf es einer eigenen Einräumung, d.h. eines Sich-einlassens auf den Raum, eines Sich-überlassens an die Zeit. Daß das Wandern selbst ein wohnendes ist, daß es im Haus der Welt wohnt, heißt, daß es ein Wohnen im Raum und in der Zeit ist.

Die Welt zeigt als Raum des Wohnens und des Wanderns den Doppelcharakter eines einerseits Sachhaltigen und andererseits Nichthaften. Der Raum, durch den hindurch sich die Beziehungen zwischen allem, was ist, entfalten, ist in gewisser Weise ein Nichthaftes, Leeres. Doch insofern Verbindungen und Beziehungen zwischen den Einzelnen bestehen, „ist" da auch etwas zwischen ihnen, die Beziehungen durchgreifen nicht einfach nichts, ein „reines Nichts", sondern das Nichts, das Zwischenraum ist, die Leere. So wenig wie um ein abstraktes, reines Denken handelt es sich bei dem Raum der Welt um das abstrakte reine Sein und das reine Nichts. Dieser Erdenraum ist ein Nichts, das etwas ist: etwas, weil es mit etwas ist – auch insofern es sich mit etwas so oder so verhält –, ein Nichts, weil es nur mit Anderem, nicht an ihm selbst ist.

Zugleich hat die Welt ihre eigene Sachhaltigkeit oder Konkretheit. Wenn zwei oder mehr „Bezügliche" sich nicht nur beiläufig, sondern in dem, was sie jeweils sind, aufeinander beziehen, dann spannt sich zwischen ihnen ein Raum der Bezughaftigkeit aus, der, je nach der Beziehung, um die es jeweils geht, auch eine gewisse Vorgängigkeit vor ihnen haben, sie allererst zueinander halten kann. So kann man z.B. die Zeit des Gedächtnisses als einen solchen „Raum" ansehen, der sich zwischen der Gegenwart und einem erinnerten Augenblick der Vergangenheit erstreckt. Vielleicht ließe sich sogar sagen, daß generell die jeweilige Bezughaftigkeit einen Zwischenraum – Heidegger spricht zuweilen von einem „Zeitspielraum" – darstellt für die Bezogenen des Bezugs, die damit die Gehaltenen und zueinander Verhaltenen dieses Verhältnisses wären.

Indem ich Wohnen und Wandern in eine eigene Spannung zueinander bringe, fasse ich sie auch als zwei unterschiedliche Weisen, das angedeutete Verhältnis von Nichthaftigkeit und Sachhaltigkeit auszutragen. Durch diese Unterschiedlichkeit im Selben vermögen sie eine in sich schwingende Einheit von Vertrautheit und Fremdheit, von Geschlossenheit und Offenheit, von Einheit und Vielfalt zu bilden.

Stellt man das Wohnen dem Wandern gegenüber, so scheint das erstere durch die Einheitlichkeit eines ruhigen Verweilens gekennzeichnet zu sein. Es beinhaltet aber doch auch eine Beziehungsmannigfalt, es steht insofern auch in einer Bewegtheit: Wir sind nicht einfach nur; indem wir wohnen, stehen wir in wechselnden Beziehungen zu Anderen und zu Anderem. Wir sind nicht einfach an einer neutralen Stelle eines objektiven Raumes, sondern wir gehören irgendwohin, wir haben einen Ort, einen Platz, der unserer ist und auf den wir uns beziehen, an dem wir weilen und verweilen, an dem wir bleiben können. Als bestimmter ist dieser Ort abgegrenzt gegen andere Orte. Er ist ein Hier gegenüber einem Dort, ein Drinnen gegenüber einem Draußen. (Das gilt selbst dann noch, wenn wir sehen, daß innerhalb der Welt Draußen- und Drinnen-sein nicht schlechthin getrennt sind; auch dann denken wir beim Wohnen implizit einen „Ort" mit, der außerhalb ist, jenseits, einen Ort des Nirgendwo.) Das Wohnen bedeutet die Bezogenheit auf eine Welt, seine Welthaftigkeit ist gleichsam seine Grundstimmung; und diese Welt ist ebenso eine einheitliche und einshafte wie eine vielfältige und wechselnde.

Die vertraute Beziehungsmannigfaltigkeit einerseits und die Erfahrung von Anderssein, Distanz und Fremdheit andererseits sind zwei komplementäre Momente des Wohnens. Das letztere scheint zwar zunächst mit dem Wohnen nichts zu tun zu haben. Vielmehr ließe sich auf den ersten Blick gegen dessen Thematisierung geradezu der Einwand erheben, daß in ihm die Momente des Beharrlichen und Gegebenen, des Beieinander- und Angekommenseins eine allzu große Bedeutung hätten, während Aufbruch und Widerstand, Kritik, Fragen und Zweifeln, also die verschiedenen Formen der Auseinandersetzung mit dem Erstaunlichen und Fremdartigen und dem Negativen außerhalb seines Fragehorizontes blieben.

Doch die Präsenz des Unbehaustseins, die Fremdheit und Unsicherheit, das Anderssein gehören zum wohnenden Leben genauso wie die Möglichkeit des Vertrautseins und des Vertrauens. Die Nichthaftigkeit durchstimmt unser Sein und unser Wohnen ebenso wie das Gegebensein und die Positivität; der relative Halt, den die Besinnung auf das Wohnen vor allem zu vergegenwärtigen scheint, kann immer nur die eine Seite sein. Gerade darin, daß das Wohnen an ihm selbst einen Bezug zur Nichthaftigkeit aufweist, zeigt sich, daß es in einer wesentlichen Beziehung zum Wandern steht. (Ein anderer wesenhafter Bezug zur Nichthaftigkeit liegt in der dauernden Möglichkeit der Wohnungslosigkeit – „Weh dem, der keine Heimat hat". Das Vertriebenwerden von „Haus und Hof" – durch den Krieg, durch Steuereintreiber, durch Hausbesitzer, durch persönliches Elend welcher Art auch immer – ist eine Drohung, die wohl zu allen Zeiten die Wohnenden beunruhigen mußte.)

Der Bereich des menschlichen Wohnens und Wanderns ist ein Bereich des vielfältigen Zwischen, räumlich, zeitlich, qualitativ. Wohnend halten sich die Menschen, wie Heidegger sagt, zwischen Erde und Himmel auf, zwischen Geburt und Tod, zwischen Freude und Schmerz, zwischen Werk und Wort. Ich füge hinzu: zwischen Tag und Nacht, zwischen Weiblichem und Männlichem, zwischen Kindsein und Erwachsensein, zwischen Gesundheit und Krankheit, zwischen Einsamkeit und Gemeinsamkeit. Daß die Welt des Wohnens ein Zwischen ist, sich in einem Raum und zwischen dessen Polen oder Bestimmungsmomenten vollzieht, macht, daß das Wohnen eine Wanderung im Aufenthalt auf dieser Erde ist, daß es im Wohnen selbst unterwegs bleibt. Daß das Wohnen ein Wandern ist, heißt, daß es nicht im Drinnen verharrt, unter feststehenden Prinzipien und Normen, daß es nichts Ständiges und Sichwiederholendes ist, sondern daß ihm eine eigene Offenheit zukommt, eine Unabgeschlossenheit, etwas immer erst und immer noch Mögliches.

Wohnen und Wandern sind einander entgegengesetzt und liegen doch auch auf einer vergleichbaren Ebene. Zumal wenn sie etwas weiter genommen und als Verharren an einem Ort einerseits und als Sich-weiterbewegen andererseits verstanden werden, werden sie vielfältig aufeinander bezogen. Das kommt in einer Reihe von mehr oder weniger alltäglichen Sprüchen und Aussprüchen zum Ausdruck, wobei besonders die Notwendigkeit des In-Bewegung-bleibens und Weiterwanderns betont wird. Vom „Wer rastet, rostet" bis zum „Nur wer sich wandelt, bleibt mit mir verwandt" oder „Aber uns ist es gegeben, auf keiner Stufe zu ruhen". Doch stehen dem auch Aussagen gegenüber, die ein Sich-verhalten im und zum Jetzt, das die Gegenwart ernstnimmt und in ihr zu wohnen bereit ist, anmahnen; wir sollten nicht immer nur an das denken, was jeweils noch in der Zukunft liegt, was erst zu konstruieren, zu planen und zu machen ist: „Es gibt Menschen, die leben jetzt schon".

Sehr grob läßt sich die Gegenüberstellung von Wohnen und Wandern mit der von sein und werden parallelisieren. Die Bewegung zwischen dem einen und dem anderen ist kein bloßes Hin- und Hergehen, sondern ein Durchgehen und Durchstehen eines Raumes, der durch unterschiedliche und wechselnde Akzente gestimmt und gefärbt ist. Werk und Wort z.B. oder Freude und Schmerz sind eigentlich keine Grenzen, nicht die Extreme einer Pendelbewegung, sie nennen eher so etwas wie die unterschiedlichen Komponenten eines Spiels, vielleicht die entgegengesetzten Tendenzen des Pendels, zwei sich ergänzende Kräfte oder Spannungen. Das Sich-bewegen in der Weite des bewohnten Zwischen-Raumes der Welt ist ein Wandern, das ein Wohnen auf der Wanderschaft ist. Einer Wanderschaft, die als solche ein Wohnen bleibt, ein Wohnen unterwegs. Das Wohnen ist ein Wandern über die Erde, das Wandern ist ein Wohnen auf der Erde.

Indem wir wohnen und indem wir wandern, halten wir uns in

bestimmter Weise im Raum auf und durchleben wir in bestimmter Weise die Zeit. Wir halten uns räumlich auf der Erde und unter dem Himmel auf, und wir verweilen zeitlich in der Spanne zwischen Geborenwerden und Sterben, allgemeiner gesagt: zwischen Kommen und Gehen. Die Thematik von Wohnen und Wandern aufzugreifen, ist u.a. eine Weise, die alte Frage nach Raum und Zeit neu zu stellen. Das Ineinanderverschränktsein von Wohnen und Wandern deutet auf die Zusammengehörigkeit von Raum und Zeit.

Die Wanderung erscheint zunächst als ein Sich-Bewegen durch die Zeit, auf dem Weg zwischen Geburt und Tod, das Wohnen als ein Aufenthalt im Raum. Thematisiert die Frage nach dem Wohnen und Wandern also in Sonderheit den Raum des Wohnens und die Zeit des Wanderns?

Man könnte jedoch auch umgekehrt sagen, daß das Wohnen einen vornehmlichen Bezug zur Zeit hat; ihm kommt ein Charakter des Ständigen, gewissermaßen die Zeiten Sammelnden zu. Und das Wandern ist eine Bewegung durch den Raum, es legt sich in den Raum und seine Offenheit hin aus. Räumlich- und Zeitlichsein lassen sich nicht auf die beiden „Seiten" verteilen. Wandern und Wohnen sind „Zeit-Worte". Indem wir wohnen, verweilen wir eine Zeit lang an einem Ort, wie wir uns wandernd durch die Zeit bewegen. In Bezug auf beide läßt sich die Zeit als ein Zeit-Raum denken, was beim Wandern z.B. in der Rede von der „Wanderschaft zum Tode", wo der Tod wie ein räumliches Ziel des Weges vorgestellt wird, oder überhaupt in der Rede vom „Lebensweg" zum Ausdruck kommt.

Die *räumliche* Bestimmtheit und Begrenzung ist jedoch vielleicht die für unser Wohnen und Wandern – zumindest heute – maßgeblichere, während sie unserem reflektierten Selbstverständnis oftmals ferner zu liegen scheint. Daß uns für unseren Aufenthalt auf der Erde, für unsere Wanderung durch das Leben eine begrenzte Zeit zugemessen ist, mit einem Anfang, zu dem wir nicht befragt worden sind, und einem Ende, dessen Daß unumstößlich ist, dessen Wann jedoch, wie man sagt, in den Sternen steht, das ist uns mehr oder weniger gegenwärtig; die metaphysische Abstraktheit des Denkens hat die Relevanz der Zeitlichkeit nie ganz tilgen können. Daß aber der Raum unseres Lebens durch ein Unten und ein Oben begrenzt und bestimmt ist, daß wir jederzeit auf der Erde und unter dem Himmel wohnen, das erscheint dem philosophisch geschulten Denken eher als eine metaphorisch-dichterische Beschreibung denn als eine unser Leben tatsächlich und wesentlich betreffende Realität. (Es ist bezeichnend, daß, während Heideggers früher Ansatz bei Sein und Zeit eine große Aufmerksamkeit gefunden hat, seine spätere Hinwendung zum Raum bis heute kaum beachtet wurde. Der Raum ist, metaphysisch gesehen, weniger hoffähig als die Zeit.) Eben darum bedarf die Thematisierung der Räumlichkeit des In-der-Welt-seins heute, da das konkrete Denken dem Philosophischen weitgehend fremd ist, einer besonderen Anstrengung – vielleicht nicht so sehr des Begriffs, aber der Besinnung.

Meine Frage nach dem Wohnen und Wandern ist zwar primär eine solche der philosophischen Selbstverständigung, aber ich verstehe diese als gebunden an die konkrete Situation des Hier und Heute. Der Blick auf das Wohnen und Wandern erhält vor dem Hintergrund der vom Menschen selbst herbeigeführten Bedrohung seiner Lebensgrundlagen eine eigene Dringlichkeit. Wir ahnen inzwischen die reale Gefahr, daß die Erde unbewohnbar werden könnte, vergiftet, zubetoniert, vertrocknet, und daß wir vor Klimaveränderungen mit unübersehbaren Folgen stehen könnten, mit Stürmen und ausgedehnten Regenzeiten, mit sengender oder verhüllter Sonne. Dadurch hat die Rede von der konkreten Bedeutung von Himmel und Erde für unser Wohnen in der Welt eine unmittelbarere Evidenz gewonnen, als sie sie noch vor zwanzig oder dreißig Jahren hatte; die Gefahr des Unbewohnbarwerdens der Erde kann die Aufmerksamkeit konzentrieren auf das, was das Wohnen sein könnte und müßte. Ähnlich kann die Zunahme von Heimatlosigkeit, Vertreibung und Fluchtbewegungen auf der ganzen Erde den Blick auf die mannigfachen Wege lenken, die wir miteinander, zueinander und voneinander weg gehen können, auf die Weisen, wie wir uns gegenseitig unseren je eigenen Weg zu lassen und zu ermöglichen vermögen, um uns gegenseitig Raum zu geben und uns teilnehmen zu lassen aneinander und an der gemeinsamen Erde.

Insofern läßt sich sagen: daß wir wohnen und wandern, das stimmt und stimmt nicht. Die Rede oder das Bild vom „Haus der Welt" ist sowohl real beschreibend wie utopisch. In Brechts „Lied der Wirtin zum Kelch" drückt sich die verzweifelte Hoffnung aus, die angesichts der realen Heimatlosigkeit und Ortlosigkeit in diesem Bild liegen kann. Die dritte Strophe lautet:

Einmal schaun wir früh hinaus
Ob's gut Wetter werde
Und da wurd ein gastlich Haus
Aus der Menschenerde.
Jeder wird als Mensch gesehn
Keinen wird man übergehn
Ham ein Dach geg'n Schnee und Wind
Weil wir arg verfroren sind
Auch mit achtzig Kreuzern!

(aus „Schweyk im zweiten Weltkrieg")

Wenn die Welt ein Haus unseres Wohnens ist, dann ist dieses Haus heute in vielem einer Ruine ähnlicher als einem „gastlichen" Ort des Geborgenseins. Und wenn wir die Welt durchwandern, dann ähnelt unser Gehen heute mehr einem Getriebenwerden, einem Hasten und Fliehen und Wettlaufen als einem Gang unter Sternen. Die über den Städten ohnehin kaum mehr zu sehen sind, so, wie auch die Erde von Beton überbaut ist.

Das wissen wir. Gleichwohl stimmt das eine und das andere, es gibt jeweils das „falsche" Leben und das „wahre". Worauf es hier ankommt, ist, bewußt gerade auch dieses Zwischen zu bewohnen und zu durchwandern und zur Sprache zu bringen, den Zwischenraum zwischen dem Falschen und dem Wahren, zwischen dem Wirklichen und dem Möglichen, dem Nichtigen und dem „Eigentlichen", dem, wozu wir jeweils gezwungen zu sein scheinen, und dem, was wir wollen. Diese Spanne zwischen dem, was ist, und dem, was scheinbar nicht ist, aber eben irgendwie doch ist, weil es sein könnte, gilt es jeweils auszuloten und auszuhalten. Z.B. durch eine Vergegenwärtigung des Verhältnisses von Wohnen und Wandern.

Methodisch geht diese Vergegenwärtigung im Folgenden ziemlich unterschiedliche Wege. Sie beschreibt Phänomene, probiert Konstellationen aus, überlegt, betrachtet und referiert, zitiert und reflektiert, phantasiert und kehrt immer wieder zu schon Berührtem zurück. Und sie sucht Erfahrungen in Bildern sichtbar und damit mitteilbar, teilbar zu machen. Ich glaube, unser Leben als Menschen braucht seine immer erneute Verbildlichung, ein immer erneutes Anschaulichwerden. Wir sind nicht einfach nur da, sondern wir fragen, was es heißen kann, da zu sein, und wie und als was wir auf dieser Welt und miteinander sein wollen. Allzu oft sind wir geneigt, zu schnell und zu eindeutig die Bilder zu verlassen, um zu scheinbar greifbaren, allgemeinen Begriffen zu kommen. Die Bilder bedeuten Assoziationen, vielleicht Konstellationen, An-deutungen eher als Deutungen, ein Spiel. Hier ist es das Spiel des menschlichen Wohnens und Wanderns.

II. Das Wohnen

1) Die Menschen als Wohnende

Wohnen, wohnlich, gewohnt, sich an etwas gewöhnen, sich eingewöhnen –, in der Vorstellung des Wohnens und den von ihm abgeleiteten Worten klingt etwas Umschließendes an, das ein Vertrautsein, zuweilen sogar eine Geborgenheit bedeutet, eine Zugehörigkeit und ein Hingehören. Das lateinische Wort für wohnen, habitare, ist ein frequentativum von habere, haben, halten. Die ursprüngliche Bedeutung von wohnen ist nach dem Grimmschen Wörterbuch gern haben, wünschen. Schon im Althochdeutschen bedeutet es verweilen, bleiben, sich befinden. Im Mittelhochdeutschen gewinnt es die Bedeutung, die auch für uns noch die gewichtigste ist: „Sitz, Wohnung haben". Man wohnt da, wo man sich aufhält und seine Habe hat, wo man weilt und verweilt. Der Wohnende ist situiert und orientiert, er hat seinen je eigenen Platz in einem Raum, der nicht nur ihm, dem vielmehr auch er zugehört, eben indem er ihn bewohnt, sich dort „niederläßt". Entscheidend beim Wohnen ist, daß man *irgendwo* wohnt, daß man einen Raum bewohnt, – erst dann interessiert, *wie* und *mit wem, in welcher Zeit* oder *wie lange* man da wohnt.

Das Wohnen ist etwas „Persönliches", was u.a. heißt, daß man zuhause, im eigenen Wohn-Raum keine Maske aufzusetzen braucht; man kann sich so geben, wie man im Schlaf oder eben bei sich selbst ist, – im Französischen heißt „zuhause" „chez nous", „bei uns". Die Wohnung ist der eigene Bereich, der Ort, wo man bei sich und man selbst ist, wo man seine persönlichen Sachen aufbewahrt, gleichgültig, ob man allein lebt oder die Wohnung mit Anderen „teilt", ob sie einem gehört, ob man zur Miete oder zur Untermiete wohnt, – sogar in einem Hotel kann man „wohnen", wenn auch eine bloße Übernachtung noch kein Wohnen ist. Auch Nomaden wohnen. Selbst Obdachlose, die unter freiem Himmel schlafen, können irgendwo wohnen, unter einer Brücke, auf einer Parkbank.

Wenn man irgendwo wohnt, irgendwo zuhause ist, weiß man, wohin man sein Haupt bettet. Für Penelope war das gemeinsame Bett das – auch im wörtlichen Sinne – *unumstößliche* Erkennungszeichen für Odysseus. Es war gewissermaßen das dingliche Herz ihres Hauses; weil es um einen Baum bzw. aus einem Baum gezimmert war, wurzelte es selbst in der Erde. Wir können das als ein Bild für das Wohnen überhaupt nehmen: Die Wohnung ist der Ort, wo man, in weitem Sinne genommen, Wurzeln geschlagen hat; „wohnen aber heißt, an einem bestimmten Ort zu Hause zu sein, in ihm verwurzelt sein und an ihn hingehören." (Bollnow, Mensch und Raum, 125) Wer nirgendwo ein Wohnrecht, kein Zuhause hat, ist ein Entwurzelter.

Die Weise des wohnenden Hingehörens bestimmt das jeweilige Sichfühlen und Sichbefinden. Die Befindlichkeit des Wohnens färbt unser fühlendes Verhältnis zur Welt. Man wohnt nicht zunächst auf eine irgendwie neutrale Weise, um sich dann erst fühlend und erfühlend zu dem zu verhalten, was einem begegnet. Das Wohnen ist vielmehr an ihm selbst schon durch eine gewisse Sensibilität und Emotionalität geprägt, es impliziert, daß der Wohnende die Wohnung – und sich in ihr – wahrnehmend und aufnehmend empfindet und die Bezüge, in denen er sich findet und fühlt, von da her erfährt, z.B. auch ja oder nein zu ihnen sagt.

Zuweilen wird die Wohnung auch als ein fremder Ort empfunden, an dem man sich zwar äußerlich zuhause, aber doch nicht in voller Weise bei sich fühlt. Brecht hat über die Rückkehr „nach fünfzehnjährigem Exil" geschrieben: „Immer noch /Liegt auf dem Schrank mit den Manuskripten /Mein Koffer." Ein Sich-nicht-heimisch-fühlen zuhause kann auch dann entstehen, wenn die Arbeitsstätte, heute zumeist von der Wohnung getrennt, als das eigentlichere Zuhause erscheint. Benjamin zitiert in „Charles Baudelaire" aus Edouard Foucauds „Physiologie de l'industrie francaise": „Sei das Haus, das er [der Proletarier] bewohnt, unter wolkenlosem Himmel noch so begrünt, von Blumen durchduftet und vom Gezwitscher der Vögel belebt – ist er müßig, so bleibt er den Reizen der Einsamkeit unzugänglich. Trifft aber zufällig ein scharfer Ton oder Pfiff aus einer entfernten Fabrik sein Ohr, hört er auch nur das einförmige Geklapper, das vom Mühlwerk einer Manufaktur herrührt, gleich heitert sich seine Stirne auf" (36).

Und in wie vielen Matrosenliedern wird nicht besungen, wie der Seemann zuhause von der Sehnsucht nach „draußen" ergriffen wird, nach dem weiten Meer, wo er eigentlich zuhause ist: „Seine Braut ist die See"! Das Wohnen im Sinne des Einen-eigenen-Ort-habens ist zumeist nur ein Teil des Lebens, die Wohnstatt ist zwar der Ausgangs- und Ankerpunkt, der Heimathafen, von dem aus und zu dem zurück alle Bewegungen in der „äußeren Welt" führen. Sie kann, aber sie muß nicht der emotionale Mittelpunkt sein.

Wenn etwas an einen Ort gehört, wenn es also seinen eigenen Platz hat, dann geht es dabei nicht mehr nur um dieses isolierte Etwas, sondern um seine Situiertheit in einem Gewebe oder Kontext, in dem mannigfache Beziehungen und Verbindungen in verschiedenste Richtungen verlaufen. Das Wohnen ist ein Gefüge aus verschiedenen Tätigkeiten, Zuständen, Verhaltensweisen usw. Wie schon früher gesagt, wohnt man nie nur; man schläft, sitzt, geht, ißt in der Wohnung; man lebt dort. Wenn auch nicht nur dort, „leben" kann nicht einfach mit „wohnen" gleichgesetzt werden. Einen guten Teil seines Lebens verbringt man an seinem Arbeitsplatz, an dem man aber gewöhnlich nicht mehr im engeren Sinne wohnt.

In unseren Breiten ist das *Haus*, in dem man „zuhause" ist, der Ort und Halt des Wohnens; „jeder wirklich bewohnte Raum trägt in sich schon das Wesen des Hausbegriffes." (Bachelard, Poetik des Raumes, 37) Eine erste, vielleicht die Hauptfunktion der Häuser ist der „Schutz von Mensch, Tier und Gerät gegen Wind und Wetter" (Vgl. Aristoteles, Met. H2, 1043 a15ff.). Dementsprechend war die Wohnung in früheren Zeiten – und ist sie in anderen kulturellen Zusammenhängen teilweise noch heute – Behausung, Stall und Schuppen in einem, das menschliche Wohnen schloß Tiere, Gerätschaften u.a. mit ein. Vor allem aber geht es bei dem Bau von Häusern um die Schaffung eines eigenen Raumes für die unterschiedlichen Momente des menschlichen Lebens, für Geburt und Tod, für Liebe und Arbeit, für das Aufwachsen der Kinder und ihre Erziehung und das Hinfälligwerden der Alten und ihre Pflege.

Für verschiedene Lebensbereiche wurden dann im Lauf der Zeit besondere Hausbauten ausdifferenziert – Geschäfte, Schulen, Ämter, Kliniken. Normalerweise würde man jedoch kaum sagen, daß man z.B. im Gefängnis oder im Krankenhaus im eigentlichen Sinne wohnt, – höchstens in einem Sanatorium. Man kann diesem Sprachgebrauch entnehmen, daß das Wohnen eine gewisse Selbständigkeit der Lebensführung fordert. (Möglicherweise erklärt sich von daher auch die Tatsache, daß sich sehr alte, pflegebedürftige und d.h. nicht mehr selbständige Leute manchmal da, wo sie Jahrzehnte lang gewohnt haben, nicht mehr zuhause fühlen, daß sie meinen, woanders zu sein, irgendwo zu Besuch oder in einem Heim untergebracht.)

Zugleich wurden grauenerregende Formen von Defizienz und Privation des Wohnens erfunden, unterschiedliche Arten von „Lagern", – Konzentrationslager, Arbeitslager, Vergewaltigungslager. Im Hinblick auf sie von Wohnen zu reden wäre ein Hohn. Erhart

Kästner schrieb über seine Kriegsgefangenschaft in der afrikanischen Wüste: „Das Lebensrecht an einem Mindestmaß Raum auf der Erde ist noch nicht erklärt. Vielleicht gibt es so ein meßbares Maß, unter welchem geistige Krankheit droht. Unsere zwei Quadratmeter lagen unter dem Maß. Zehn Schritte weiter, hinter dem Zaun, begann trostlose Weite: das war das Groteske. Bei uns aber war Enge, an der sich die Seele wundflatternd stieß. Die Menschen waren zu wenig selten. Wir wollten gern lernen, mit wenig Mitteln zu leben, wie Diogenes es empfahl: – aber, du lieber Himmel, Diogenes. Er besaß ein ganzes Faß für sich allein. Wir hatten zu zehnt nur ein Zelt." Und eine Seite später: „Im Lager: das heißt, wo man kein Bett hat wie ein Mensch. Nur eben ein Lager. Im Lager. Früher war das gar kein Begriff. Höchstens für Hunde." (Kästner, Zeltbuch von Tumilat, 91)

2) Das Wohnen mit Dingen und das sinnliche Haus

Die Dinge in der Wohnung sind *unsere* Dinge, ihre Art und Auswahl spiegelt ein wenig unser eigenes Wesen wieder. Darum kann man sich in Wohnungen, wo „nichts herumliegt" und alles wie für einen ständigen Betrachter auf seinem Platz steht, so unwohl fühlen. Die Vertrautheit der Wohnung sammelt sich gewissermaßen in den Dingen, mit denen wir es zu tun haben. Nicht nur die Möbel prägen in dieser Weise das Wohnen. Auch ein Bild an der Wand, ein Stein, von irgendwo mitgebracht, eine Vase mit Blumen, ein Spiegel, – und natürlich die Bücher. Und all die kleinen oder großen Dinge, die uns mit Menschen verbinden, weil sie sie in der Hand gehabt, geschenkt, weggelegt haben. Einfach dadurch, daß sie sich da befinden, sind die notwendigen wie die unnötigen Dinge in der Wohnung, ohne daß wir eigens darauf achten, ein Teil unseres Lebens.

Wir *umgeben uns* mit Dingen. Das ist ein schöner Ausdruck: Wir geben Dinge in den Raum um uns herum und schaffen damit die Umgebung, in der wir mit Anderem und Anderen zusammen sind. Wir räumen unseren Raum ein, indem wir Anderem darin einen Platz einräumen. Daß wir auch verschiedenerlei unnötige Dinge um uns herum stehen und liegen haben, kann jenachdem etwas mit Sentimentalität zu tun haben, mit Ästhetik, mit Trägheit, mit Pietät. Es gehört jedenfalls zum Wohnen als solchem, daß sich die Vertrautheit, die ein bestimmter Ort für uns gewinnt, insofern er in spezifischem Sinne unser eigener ist – was nichts mit Eigentum zu tun haben muß –, auch durch vertraute Dinge vermittelt, mit denen wir an diesem Ort etwas anfangen. Wir wohnen nicht nur mit Menschen zusammen, sondern auch mit Dingen.

Ausgezeichnete Orte oder Bezüge werden oftmals durch ausgezeichnete Dinge angezeigt – durch das Gipfelkreuz, den Grenzstein, die Wettereiche, auch das Schmuckstück am Hals. Solche ausgezeichneten Dinge sind in Bezug auf das Haus in nicht-alltäglicher, herausgehobener Weise z.B. der Altar vor dem Tempel oder in der Kirche – die ja auch als Wohnungen (der Götter) anzusprechen sind – und ebenso das Kultbild oder überhaupt der Kultgegenstand in fast jeder Art von Gottes-Haus (so z.B. auch die Reliquie oder auch die Hostie). Doch auch und gerade die ganz gewöhnliche Wohnung hat ihre ausgezeichneten Orte, die durch besondere Dinge eingerichtet sind. In früheren Zeiten waren die wichtigsten Einrichtungsgegenstände der Wohnung der Herd und das Bett (an deren Stelle heute häufig die sogenannte Sitzecke, mit Sofa, Sesseln und Fernsehapparat getreten ist); sie waren von grundlegender Bedeutung für den Raum, den man „Zuhause" nennt. Die Schlafstätten fanden sich meist zur Seite hin, wie heute oft noch das sogenannte Schlafzimmer. Die Feuerstelle lag zentral; inzwischen ist, zumindest seit der Trennung von Küche und „Wohn"-zimmer – als *wohnte* man nicht auch in der Küche oder im Schlafzimmer! –, dieser Mittelpunkt verloren gegangen.

Das bewohnte Haus ist, wenn wir dieses Wort nicht zu eng fassen, selbst ein Ding. Es ist zugleich, in sinnlich unmittelbarer Weise, ein dingliches Stück Welt, die Welt des Hauses, der Wohnung. Ding und Welt sind gewissermaßen die beiden Pole des Bedeutens des Hauses. Das ist nicht so abstrakt gemeint, wie es sich anhört. Vielmehr betrifft es unser alltägliches Wohnen, das sich eben dadurch, daß es ständig mit Dingen zu tun hat und sich im Umgang mit Dingen vollzieht, in den Sinnzusammenhang der Welt einfügt. Der Umgang mit den dem Wohnen zugehörigen Dingen impliziert ein Aufnehmen und Nachvollziehen der Verhältnisse und Verbindungen, die zwischen ihnen bestehen oder sich jeweils ergeben und die, weit genommen, die jeweilige Welt bedeuten. Das Wohnen „eigentlich zu vollbringen" – um diese Heideggersche Formulierung ausnahmsweise einmal in Anspruch zu nehmen – , heißt, auf jene Verhältnisse und Bezüge eigens zu achten und mit ihnen mitzugehen. Dadurch, daß Menschen auf das in allen Dingen schlafende Lied hören und es mit dem eigenen Tun wie mit einem Zauberwort vollbringen, daß sie also die Dinge sich selbst entfalten lassen, indem sie mit ihnen in Wechselwirkung treten, dadurch erst sind sie Wohnende, sind sie ihrer Welt zugehörig. Das Wohnen ist ein Hervorspinnen der Fäden, die ihrerseits die Vernetzungen und Gewebe, die Texturen des Wohnens – und damit der Welt als einer bewohnten – ausmachen.

Das Hausding ist in besonderer Weise ein sinnliches Ding, das Haus ist sinnliches Haus. Diese Formulierung mag provokativ klingen und Widerspruch wecken. Man spricht von sinnlichem Begehren, von einem sinnlichen Mund, sinnlicher Musik, – aber ein sinnliches Haus? Wäre nicht besser von einem sinnlich erfahrenen Haus die Rede, betrifft die Sinnlichkeit des Hauses nicht eher nur den Eindruck, den es macht, die Weise, wie es begegnet?

Doch der emotionale Charakter der Erfahrung des Hauses und des Umgangs mit ihm, also der sinnliche Charakter des Verhaltens zu ihm sind bloß die eine Seite seines Sinnlichseins. Zugleich geht es um ein Zweites: die Sinnlichkeit des Hauses kennzeichnet auch die Weise, wie es selbst sich gibt, wie es selbst begegnet. Die sinnlich fühlende Auseinandersetzung mit ihm ist nur die Voraussetzung für die Erfahrung, daß das Haus selbst zu etwas Eigenem zu werden, ein eigenes Leben zu gewinnen vermag; in literarischen Texten erscheint es darum zuweilen als ein lebendiges Ding .

Wir kennen „alle das Gefühl, daß manche Häuser 'glücklich' sind und andere eine 'unangenehme Atmosphäre' ausstrahlen", schreibt Chatwin, und er fährt – in Bezug auf die chinesische Lehre von feng-shui – fort: „Nur die Chinesen haben triftige Gründe gefunden, warum das so sein könnte." (Was mache ich hier, 55) Wir machen die Erfahrung, daß Räume und Häuser ernst oder streng, verspielt oder heiter sind, daß sie eine eigene Atmosphäre, ein eigenes Leben entfalten und damit z.B. auch eine beruhigende oder eine beunruhigende Wirkung ausüben können. In dem Wort „Sinnlichkeit" liegt die Zwiefalt, daß es eine Qualität sowohl des Wahrnehmens wie des Wahrgenommenen bezeichnet. Nicht nur ist das Sehen ein sinnliches Tun, sondern das Gesehene, die Farben, Gestalten, Größen sind selbst Sinnliches. Allerdings lassen sich die beiden Aspekte oder Seiten der Sinnlichkeit des Hauses kaum genau voneinander abheben. Es sind unsere Sinne und unser Sinnen, die dem Haus seine sinnlichen Qualitäten geben bzw. gegeben haben, und es sind diese, die unser je spezifisches Fühlen und Wahrnehmen des Hauses hervorrufen und verändern.

Ein Haus ist, wie zuvor gesagt, ein Umschließendes, ein Inneres gegenüber einem Äußeren, Abschließenden. Was hier bewahrt und eingefriedet wird, ist das Wohnen selbst. Das Haus umschließt das Wohnen, indem es ihm Raum gewährt, sich von ihm erfüllen läßt. Dieses Erfüllen und jenes Raumgewähren sind jeweils durch Stimmungen, Einstellungen und Empfindungen gefärbt. (Auch darum, also weil das Wohnen kein bloßes Sich-aufhalten oder Untergebrachtsein ist – so wenig, wie der erfahrene Raum ein richtungs- und differenzenloses, rein quantitatives Kontinuum ist –, ist das Unterbringen von Menschen in Lagern und bloßen „Unterkünften" so unmenschlich.) Ein Haus, das man wirklich bewohnt und nicht nur als – vorübergehenden oder ständigen – Standort benutzt, ist ein gefühltes Haus, damit aber auch ein Haus, in das Stimmungen und Erfahrungen eingegangen sind und weiter eingehen. Jeder Raum und jeder Winkel, jede Entfernung und jeder Abstand können ihre eigene, wechselnde Bedeutung haben, können gefärbt und durchtränkt sein von mannigfachen Handlungen und Unterlassungen, von Erinnerungen oder Erwartungen, von Behagen und Behaglichkeit oder Überdruß und Unerträglichkeit. Das Wohnen zeichnet sich in das Haus ein, es hinterläßt seine Spuren, der Gebrauch und die Abnutzung geben ihm seinen unverwechselbaren Charakter.

Auch durch seine Maße und Ausdehnungen, durch die Weise, wie das Licht und die Schatten fallen, durch seine Höhe und die Zahl und Funktion seiner Räume ist das Haus geprägt und hat es seinen eigenen sinnlichen Charakter: Die Fenster, durch die man hinausschaut – manchmal ohne etwas zu sehen –, oder durch die etwas hereinblickt, eine Mauer oder ein Stück Himmel, eine Straßenflucht oder der Ausschnitt einer Landschaft, geben der Wohnung ebenso ein Moment ihres Gesichts, wie die Türen, die man beim Eintreten hinter sich zumacht, durch die man die Wohnung aber auch wieder verläßt. Die knarrenden Dielen und die hohen oder niedrigen Decken, die sachlich-funktionalen oder die überflüssig herumstehenden Möbel, – alles ist Träger von Befindlichkeiten und Erfahrungen, spiegelt die Weise unseres Wohnens zurück.

Meist nehmen wir das Wahrnehmen der Wohnung und diese selbst nicht eigens wahr. Oft wird uns erst in der Erinnerung bewußt, daß dies der spezifische Geruch jenes düsteren Flurs, dies das Gefühl war, das man hatte, wenn man von der Tür zum Fenster blickte. Das Unbehagen beim Hinaufsteigen der steilen Treppe, die heimliche Angst vor einer dunklen Ecke, das unbewußte

Glücksgefühl, wenn man auf den Balkon hinaustrat, tauchen irgendwann, vielleicht anläßlich eines ähnlichen Gefühls und doch unvermittelt, aus dem Schacht der Erinnerung auf.

Die Wohnung affiziert auf mannigfache Weise. Sie kann eine tröstliche Wirkung haben oder einschüchtern; plötzlich und scheinbar ohne Grund kann die vertraute Umgebung unvertraut erscheinen und damit vielleicht doch nur eine schon lang vorhandene Fremdheit offenbar machen. Nach längerer Abwesenheit z.B. haben die Einrichtungsgegenstände zuweilen einen merkwürdig zweideutigen, auffällig-unauffälligen Charakter; die frühere Vertrautheit ist für kurze Zeit verloren, man bewegt sich wie fremd zwischen ihnen. Eduard von Keyserling beschreibt in einer Novelle eindrücklich, wie die Möbel in der Sommerwohnung zunächst fremd sind, „steif und tot" dastehn, „als habe man sie nie gekannt", während sie dann am Ende der Ferien wieder vertraut und zu guten alten Kameraden geworden sind.

Das Eigenleben der Häuser besteht nicht für sich, ihre eigene sinnliche Qualität entfaltet sich in Bezug auf den Blick und das Empfinden derer, die damit in Berührung kommen bzw. die sich darauf einlassen. Insofern sind die Wohnungen auf ihre Bewohner und deren Art des Wohnens angewiesen. Je nachdem können sie sich dann so oder so, freundlich oder abweisend, anregend oder beruhigend zeigen. Vor allem den Kindern, die mit einer anderen Seh- und Hörbereitschaft durch die Welt gehen als Erwachsene, zeigen die Häuser und ihre Räume oftmals ihr eigenes Leben, sie spielen vor ihnen – bzw. um sie herum – eine eigene Rolle, zu der Schönes und Geheimnisvolles, Schreckliches und Unheimliches gehören kann. Viele Passagen aus Benjamins „Berliner Kindheit um Neunzehnhundert" können dieses Einfühlen oder besser Eingefühltsein in das Eigenleben eines Hauses vermitteln: „Ich kannte in der Wohnung schon alle Verstecke und kam in sie wie in ein Haus zurück, in dem man sicher ist, alles beim alten zu finden. Mir schlug das Herz, ich hielt den Atem an. Hier war ich in die Stoffwelt eingeschlossen. Sie ward mir ungeheuer deutlich, kam mir sprachlos nah. ... Das Kind, das hinter der Portière steht, wird selbst zu etwas Wehendem und Weißem, zum Gespenst. Der Eßtisch, unter den es sich gekauert hat, läßt es zum hölzernen Idol des Tempels werden, wo die geschnitzten Beine die vier Säulen sind." (Verstecke, 50)

Häuser zeugen somit dafür, daß und wie die Dinge unserer Umgebung weder bloße „objektive Objekte" sind noch aber auch etwas, an dem nur das wahrzunehmen ist, was „subjektiv" in sie hineinprojiziert wurde. Sie können vielmehr als etwas Eigenes, mit einem eigenen Leben, mit überraschenden und erstaunlichen Qualitäten begegnen. In ihrem Umgang mit den Menschen bzw. im Umgang der Menschen mit ihnen gewinnen sie ihr eigenes Gesicht, wofür sie zugleich des aufmerksamen, sich auf sie einlassenden und sich in sie hineinfühlenden Vernehmens bedürfen.

Vermutlich ist es kein Zufall, daß viele der literarischen Texte, die mittelbar oder unmittelbar das Wohnen selbst betreffen, von Frauen geschrieben sind. Marguerite Duras sagt, Frauen seien „in den Raum inkrustiert, wie eingefügt in die Wände, in die Dinge im Raum. Wenn ich in diesem Raum hier bin, habe ich das Gefühl, nichts an einer gewissen Ordnung durcheinanderzubringen, als ob der Raum selbst, die Räumlichkeit meine ich, gar nicht meine Anwesenheit, die Anwesenheit einer Frau wahrnähme: die hatte hier ja schon ihren Platz. Wahrscheinlich spreche ich vom Schweigen der Räumlichkeiten." Und ein paar Seiten später noch ausdrücklicher: „nur eine Frau kann sich im Haus so wohl fühlen, kann vollständig mit ihm verwachsen sein, jawohl, ohne sich zu langweilen. Ich gehe nie durch das Haus – denke ich –, ohne es anzuschauen. ... es ist eine Art ekstatischer Blick, der Blick der Frau an sich auf das Haus, auf ihre Wohnstätte und auf die Dinge, die offensichtlich den Inhalt ihres Lebens ausmachen" (Die Orte der Marguerite Duras, 14 und 22f). Das Bild der Frau als „Hüterin des Herdes", als Instanz des häuslichen Bewahrens und Pflegens, sozusagen als besondere Sachverständige für das Haus und das Wohnen, als Haus-Frau, scheint – trotz mannigfach pervertierter Erscheinungsformen – in mehr zu wurzeln als in einer bequemen männlichen Zuschreibung.

3) Wohnen miteinander

Marie Luise Kaschnitz sagt in einem Gedicht: „Mein Leib ist dein Haus" (Kaschnitz, Einer von zweien, in: Dein Schweigen – meine Stimme). Auch dies ist eine, wenn auch andersartige, sinnlich-leibhafte Erfahrung von Wohnen. Auch hier handelt es sich um sinnlich konkrete „Dinge", zum einen um meinen Leib und das Haus, zum anderen um dich und um mich. Mein Leib wird von dem Du bewohnt, ist sein Zuhause, seine Heimstatt; der Andere hat sich in ihn eingeprägt, vielleicht hineingestohlen, oder ich selbst habe ihn ihm dargeboten, daß er darin Wohnung nehmen soll. Diese Beziehung des Ich zum Du gehört zu einem sinnlich-unsinnlichen Zwischen, in das die Kreisbewegung von meinem Leib über das Du zu deinem Haus in meinem Leib sich eingezeichnet hat, – und das wir Liebe nennen können. Doch ist der begehrte, zärtlich berührte, geliebte Leib des Du eine Wohnung, in der Aufenthalt zu nehmen zugleich heißt, ihre Fremdheit, Erstaunlichkeit und Geheimnishaftigkeit anzuerkennen und sein zu lassen. Völlige Auslieferung von der einen, völlige Aneignung von der anderen Seite her machten aus dem Wohnen im Haus des Leibes des Anderen eine bloße Besetzung und Benützung.

Das liebende Wohnung-nehmen im Anderen weist eine gewisse Nähe zum Wandern auf. Das Besuchen des leibhaften Raumes des Anderen hat oftmals etwas Schweifendes, die Blicke und Liebkosungen streifen über die Oberflächen der Haut, die sich dieser Heimsuchung öffnen. Der Beginn einer Liebesbeziehung ist ein Sichhineintasten und Hineinspüren in die Behausung, die der Andere ist oder zu sein verspricht, innerhalb und außerhalb seiner Leibgrenzen.

Daß der Eine Wohnung in einem Anderen nimmt, ist auch in der christlichen Mystik ein geläufiges Bild, sowohl in der Richtung der Liebe des Menschen zu Gott wie in der umgekehrten Gottes zum Menschen. In alten Kirchenliedern ist vom Einzug Gottes in die Seele – „Ach komm und ziehe in mich ein ..." – oder der Versenkung der Seele in Gott als ihre ewige Heimat die Rede. Das Grimmsche Wörterbuch zitiert Sätze des Mystikers Tauler, einerseits zum Wohnen des Menschen in Gott: „so hanget rechte der mensche enzwüschent himmel und erden: mit sinen übersten kreften so ist er erhaben über sich selber und über alle ding und wonet in gotte", und andererseits zum Wohnen Gottes im Menschen: der Mensch ist ein „Tempel, do der minnencliche got so gerne inne wonet" (Bd.30, Sp. 1208, 1209).

Das liebende Wohnen im Anderen ist eine äußerste Weise des Miteinanderwohnens. Doch auch ganz allgemein und alltäglich genommen ist die eigentümliche Räumlichkeit des Wohnens zumeist eine geteilte, der bewohnte Raum ist ein gemeinsamer Raum. Daß wir *miteinander* wohnen, heißt, daß wir jeweils *mit einem Anderen*, oder allgemeiner: mit Anderen in der Welt sind. Meine Welt ist jeweils unsere Welt, geteilte Welt. Dieses „unser" ist kein gleichgültiger Plural. Es impliziert ein wesentliches Zugleich von Eigensein und Anderssein, damit von Vertrautheit und Fremd- oder

Erstaunlichsein, d.h. auch von Anderssein*lassen*. Das Miteinander des Wohnens in der Welt ist ein vielgliedriges Geflecht, dessen Fäden in verschiedene Richtungen gehen, verschiedenartige Bezüge und Nähen und Fernen zueinander haben, die sich in enger Verknüpfung zueinander halten oder auch in Spannung voneinander wegstreben können. Aber die immer in Bezügen, vielleicht besser: aus Bezügen, oder auch *als Bezüge* sind.

Im Zusammenhang damit, daß „im Wohnen das Menschsein beruht, und zwar im Sinne des Aufenthalts der Sterblichen auf der Erde", schreibt Heidegger: „Doch 'auf der Erde' heißt schon 'unter dem Himmel'. Beides meint *mit* 'Bleiben vor den Göttlichen' und schließt ein 'gehörend in das Miteinander der Menschen'." (Bauen Wohnen Denken, 149) Und in seiner Hölderlin-Vorlesung heißt es: „Darin liegt zugleich, daß das Dasein des Menschen in sich schon versetzt ist in das Dasein Anderer, d.h. nur *ist*, wie es ist, im Mitsein mit den Anderen. Das Dasein ist wesenhaft Miteinandersein, Für- und Gegeneinandersein." (Hölderlins Hymnen „Germanien" und „Der Rhein", 143) Das Miteinandersein wird als Gehören *in* das Dasein oder Miteinandersein Anderer verstanden. Im Blick stehen hier somit nicht zunächst die Einzelnen, die sich von sich aus aufeinander beziehen und ein Gemeinsames bilden; sondern da ist immer schon eine Bezugsvielfalt aus einander Anderen, der die Einzelnen zugehören. Die Wohnung kann als die räumliche Wirklichkeit dieses Miteinanderseins gefaßt werden.

Die Welt, die wir bewohnen, ist eine geteilte Welt nicht im Sinne einer bloßen Teilhabe, sondern im Sinne einer Teil*nahme*. Die Bezüge und Bahnen, Verhältnisse und Verweisungen, Zusammenhänge und Verflechtungen, die diese Welt ausmachen, sind Bezüge, in die ihre Bewohner nicht einfach hineingespannt sind, sondern die sie bis zu einem gewissen Grad dadurch selbst entstehen und sich erhalten lassen, daß sie *sich* aufeinander beziehen. Sie nehmen es sich heraus, ein Teil des Ganzen, d.h. des ganzen Gewebes zu sein. Man könnte vielleicht das Wort Teil*gabe* einführen, um das Wechselverhältnis des weltbildenden Sich-aufeinander-beziehens als Spiel von Teilnahme und Teilgabe zu beschreiben. Daß die Welt eine miteinander bewohnte Welt ist, heißt nicht lediglich, daß in ihr Menschen im Plural vorkommen oder daß man nicht in der Welt sein kann, ohne auf andere Menschen zu stoßen. Das Haus der Welt zu bewohnen, heißt, mit anderen zusammen an ihm mitgebaut zu haben und sich damit auch auf das Gebauthaben Anderer verlassen und einlassen zu können.

In verschiedenen Kulturen und zu verschiedenen Zeiten gibt es unterschiedliche Formen des Miteinanderwohnens, sowohl in Bezug darauf, *wer* da zusammenwohnt, wie darauf, *wie* die Zusammenwohnenden sich aufeinander beziehen. Ob eine Großfamilie – vielleicht zusammen mit ihren Haustieren – eine Wohnhöhle oder ein Haus bewohnt, ob, wie in der von Aristoteles beschriebenen oikia, der Mann mit Frau und Kindern sowie Sklaven unter einem Dach wohnt, ob ein selbes Haus eine oder mehrere Generationen in mehreren – mehr freundschaftlichen oder mehr nutzenorientierten – Verzweigungen beherbergt, ob mehrere Einzelne eine Wohn-Gemeinschaft bilden, ob die Klein- oder Kleinstfamilie oder Lebensgemeinschaft, ob die oder der Einzelne allein ein Haus oder eine Wohnung oder ein Zimmer bewohnt, – das sind unterschiedliche Weisen des Zusammen- oder Nichtzusammenwohnens, die – auch wenn sie vorübergehend und vielleicht nicht frei gewählt sein mögen – nicht nur ein äußeres Merkmal der Lebensweise, sondern eine Grundsituation des jeweiligen In-der-Welt-seins darstellen.

Wenn das „Wesen" des Menschen nicht als ein ideenhaft Bleibendes, sondern als ein geschichtliches Geschehen begriffen wird, handelt es sich bei solchen Fragen wie der nach der jeweiligen Weise des Miteinanderwohnens um „Wesensfragen" des menschlichen Seins. Das Menschsein als In-der-Welt-sein, die Weise, wie die Menschen sich als Menschen in der Welt und zu ihr, zu sich selbst und zu den Anderen verhalten, ist entscheidend durch die jeweilige Art des Miteinanderwohnens mitgeprägt. Und diese ist wiederum eng in die Problematik des Miteinanderseins überhaupt eingebettet.

Daß die Gemeinschaftlichkeit des Wohnens nicht einfach ein Nebeneinander bedeutet, daß wir vielmehr *in* das Miteinander gehören, aus dem heraus wir uns erst als Einzelne wissen können, besagt nicht, daß wir von Natur aus so etwas wie Herdentiere oder Kollektivwesen wären. Eine kollektivistisch verstandene Gleichsetzung von Ich und Wir würde eine Selbstaufgabe bzw. Selbstnegation bedeuten. Das Mit-ein-ander ist etwas, das wir zum einen – obgleich in ihm gehalten – je erst selbst gemeinsam gestalten, und das zum anderen, wie das Wort sagt, zugleich ein gewisses Anderssein gegeneinander impliziert. Im Wohnen entfalten sich die Bezüge der Einzelnen zueinander, miteinander, gegeneinander. In den unterschiedlichen Formen gemeinsamen Wohnens zeigen sich unterschiedliche Weisen verschiedener Gesellschaften, mit den Verhältnissen von Privatheit und Öffentlichkeit, Fürsichsein und Miteinandersein, Intimität und Außenbeziehung umzugehen.

Der europäische Individualismus ist bekanntlich eine neuzeitliche Erscheinung, und entsprechend ist auch das sich in ihm allmählich ausbildende Wohngefühl nichts, was sich umstandslos auf alle Zeiten und Kulturen übertragen ließe. Dem gemeinsamen Wohnen entspricht anderswo und zu anderen Zeiten auch ein gemeinsamer Wohnraum, d.h. ein Raum, der gleichzeitig den verschiedensten Lebensbedürfnissen dient. Richard Sennett berichtet: „Im mittelalterlichen Haus gab es keine Räume, die speziellen Funktionen, etwa der Liebe oder anderen Zwecken, vorbehalten waren. Auch in den Häusern reicher Leute konnte dasselbe Zimmer als Eßraum, Arbeitsraum, Schlafstätte und Abort dienen." (Die Großstadt und die Kultur des Unterschieds, 5) Und Wilfred Pelletier und Ted Poole schreiben in „Wie ein Baum": „Im großen und ganzen haben sich Indianer niemals der westlich-europäischen Wohnweise angeschlossen; und wenn sie gezwungen werden, sie zu übernehmen, dann tun sie ärgerliche Dinge. Indian Affairs baut zum Beispiel eine ganze Häuserzeile ... sie ziehen in eines dieser neuen Häuser und reißen die ganzen Trennwände heraus. Das ist keine Rachsucht, sondern Instinkt. Es passiert einfach: hier eine Tür, dort ein Stückchen Wand, und bald sind all diese kleinen Zimmer in einen großen Raum verwandelt. Ich glaube, die meisten Indianerfamilien sind *Familien* und keine zusammengewürfelten Individuen. Vielleicht erfahren sie die Privatsphäre kleiner Zimmer als Isolation." (183)

Selbstverständlich gibt es auch hier unterschiedliche Wohnbedürfnisse, aber diese werden nicht in unterschiedlichen Räumlichkeiten untergebracht: „natürlich bedeutet das auch, daß die Art der Häuser, in denen die Leute heute leben, anders ist. ... die Häuser sind innen alle unterteilt, so daß die Leute, die darin wohnen, eine völlig andere Lebens- und Gemeinschaftserfahrung haben. Raum und die Art, wie man ihn nützt, ist ziemlich wichtig. Ich kann mich erinnern, daß man sich in allen diesen alten Häusern völlig zurückziehen konnte, sogar in einem einzigen Raum. In unserem Haus schliefen wir alle oben in einem Zimmer. Unten hatten wir nur ein Wohnzimmer und eine Küche. Aber wir konnten uns dort völlig zurückziehen. Das machte man, indem man sich in einem Raum voller Leute isolierte. Die Leute wußten einfach nur, daß man da war ..." (a.a.O., 31).

Die Möglichkeiten und Arten, auch im Miteinander-wohnen für sich zu sein, können sehr unterschiedliche sein; die Bedürfnisse der Einzelnen nach Intimität und Fürsichsein brauchen nicht unbedingt die Abgegrenztheit eines eigenen Raumes. Vielleicht blickt Schwalbe insofern zu einseitig aus der westlichen Perspektive, wenn er nach einer Beschreibung der Vorzüge des traditionellen japanischen Wohnhauses schreibt: „Eines freilich läßt es überhaupt nicht zu: private Absonderung. Räume, die keine festen Wände haben, die nur durch leichte Schiebetüren voneinander getrennt sind..., verhindern jegliche 'privacy'. Sie zwingen alle Bewohner zu äußerster gegenseitiger Rücksichtnahme, Etikette und Disziplin, die es fertigbekommt, auch im engsten Beieinanderleben weder andere zu stören noch sich selbst stören zu lassen." (Japan, 293)

Zurück zu unserem Wohnen im westlichen Europa, das entscheidend durch die neuzeitliche Ausbildung eines Individualitätsbewußtseins mitbestimmt ist. Sennett schreibt: „Im Laufe des 19. Jahrhunderts sonderte die innere Anlage des Hauses die einzelnen Familienmitglieder immer mehr voneinander ab und verbarg die Verrichtung der körperlichen Bedürfnisse im Inneren des Hauses." „In der privaten Sphäre strebte man nach Ordnung und Klarheit, indem man die Arbeitsteilung auf das Gefühlsleben und die Erfahrungswelt der Familie übertrug und den verschiedenen Bereichen verschiedene Zimmer zuwies." (a.a.O., 46 und 47) Wir Heutigen sind Individuen, und wir können es – zumindest gegenwärtig – gar nicht vermeiden, von unserem Selbst oder Ich auszugehen. Aber wir wissen uns auch *nicht nur* als Individuen, weil wir immer schon auf Andere bezogen, durch Andere mitgeformt und auf vielfache Weise von ihnen angesprochen sind bzw. sie angesprochen haben.

Die Anderen sind unseresgleichen *und* Andere. Auf dieser Zwiefalt beruht z.B. die Möglichkeit der Solidarität, die als ein Bewußtsein der Gemeinsamkeit unseres Wohnens gefaßt werden kann. Solidarisch fühlen wir uns mit solchen, die außer uns sind und anders als wir und die wir gleichwohl als unseresgleichen, als einer selben Situation zugehörig anerkennen. Man *weiß* sich eigentlich nicht solidarisch, man *fühlt* sich solidarisch. Wie das Wohnen überhaupt ist auch das Miteinanderwohnen ein befindliches, ursprünglich gestimmtes, gelebtes. Dazu gehört auch das Fühlen gemeinsamer Verantwortlichkeit für ein Gemeinsames, wie es der zusammen bewohnte Ort ist. „Es ist schwierig", sagt Derrida in einem in Prag gehaltenen Vortrag über Prag, „die Einheit und Identität eines Orts zu denken, der der Ort eines mit Notwendigkeit unterbrochenen und diskontinuierlichen Bauens ist, in dessen Verlauf jedoch, der im Grunde seine Geschichte bildet, ein seltsamer Gemeinschaftsvertrag die Generationen von Erbauern so verbunden

hat und verbinden wird, daß die Tatsache der Unvollendetheit ...
sie nicht entmutigt, sondern im Gegenteil *einbindet* und sie mit
einer um so größeren Schuld auf ihre Aufgabe verpflichtet, d.h. sie
verantwortlicher als je zuvor für das Schicksal der Stadt macht, so
als wäre der Verzicht auf die Totalisierung der Ursprung der Gemeinschaft." (Generationen einer Stadt. Erinnerung, Prophetie,
Verantwortlichkeiten. Liminarien, in: Lettre international, 55)

Sich in einer gemeinschaftlichen Aufgabe, in Gemeinschaftlichkeit überhaupt vorzufinden und zu empfinden, ist, wie Derrida
sagt, gerade dann der Fall, wenn es sich um kein streng entworfenes und geplantes Projekt im engeren Sinne handelt, sondern um
ein diskontinuierliches Feld oder einen offenen Raum der Gemeinsamkeit. Der gemeinschaftliche Raum – der Stadt oder der Wohnung – ist ein räumlich wie zeitlich Offenes, auf das die gegeneinander Anderen sich je und je miteinander einspielen. Das Sich-
Beziehen auf die Anderen ist selbst so etwas wie ein Raum, in dem
wir uns je schon miteinander befinden und finden, ein Raum, der
z.B. durch Zuneigung oder Abneigung, Erwartung oder Hoffnung
oder Furcht, Gleichgültigkeit oder Unwillen aufgespannt, sowie
gefärbt oder gestimmt ist.

Ein grundsätzliches Mit-Anderen-in-der-Welt-sein geht immer
schon in jede spezifische Weise des Miteinanderwohnens mit ein.
Diese spezifischen Weisen können mehr oder weniger fixierte, or-
ganisierte Formen annehmen. Unsere unterschiedlichen Beziehungen zu denen, die unsere Welt teilen, sind von sehr unterschiedlicher Intensität, Dauer und Bedeutung. Sie können Beziehungen
zwischen zweien, innerhalb kleiner, überschaubarer Gruppen oder
in großen, unpersönlichen Zusammenhängen sein, – und unendlich viel dazwischen. Je nachdem hat unser Miteinanderwohnen
einen anderen Charakter.

Eine spezifische Weise des gemeinsamen Wohnens in der Welt
ist das Politischsein. Insofern kann die aristotelische Bestimmung
des Menschen als zoon politikon sogar als ein Beleg dafür gelesen
werden, daß das Wohnen auch schon in den traditionellen metaphysischen Bestimmungen des Menschen eine Rolle gespielt hat,
auch wenn es nicht als solches in den Blick gelangte. Denn daß der
Mensch ein Lebewesen ist, das nicht nur auch und unter vielem
anderen, sondern an ihm selbst politisch ist, also einer polis zugehört und sich als ihr zugehörig verhält, heißt, daß er ein wohnendes, genauer ein mit Anderen wohnendes Wesen ist. Wenn wir das
Menschsein als Wohnen in einer gemeinsamen Welt, in einem ge-

meinsamen Sinnzusammenhang verstehen, dann gehört zu diesem Menschsein auch die Bekümmerung um die gemeinsamen Belange dieses gemeinsamen Wohnens; nur als Privatmann zu leben, hätte für Aristoteles eine unangemessene Einschränkung des vollen Menschseins bedeutet.

Die systematische Entfremdung der modernen Lebensverhältnisse – und nicht erst der modernen – erweckt leicht den Anschein, als sei die Weise, *wie* wir miteinander in einem Gemeinwesen wohnen oder leben, nicht so sehr unsere eigene Sache, als hätten vielmehr eine höhere Macht oder unser eigenes Wollen die Bestimmung über unsere „Außenverhältnisse" an eigene, dafür kompetente Instanzen vergeben, die wir nur ab und zu wieder bestätigen müßten. Aber dieser Anschein trügt: daß Menschen von Erdbeben oder Frosteinbrüchen oder Waldbränden heimgesucht werden, ist etwas, das sie hinnehmen müssen, es gehört zur Faktizität ihres Wohnens; daß sie aber schlecht und falsch regiert werden, daß es Ohnmächtige und Mächtige gibt, Leute, die etwas zu sagen haben, und Andere, die etwas gesagt bekommen, ist, aufs Ganze und auf die Dauer gesehen, keine „Naturnotwendigkeit", sondern eine direkte oder indirekte Folge dessen, wie Menschen die Gemeinsamkeit ihres Wohnens in der Welt verstehen und leben.

Politisch – politikos – wörtlich: der polis zugehörig. Wir können etwas eng auch übersetzen: der Stadt zugehörig, städtisch. Bei Aristoteles besteht der „politische" Charakter der Menschen darin, daß sie sich notwendig zu Gemeinschaften zusammenschließen. Diese Notwendigkeit, miteinander zu wohnen, ergibt sich zum einen daraus, daß sie nicht nur überhaupt „von Natur nach dem Zusammenleben mit ihresgleichen streben", sondern daß jeder einzelne Mensch auf Grund der Beschränktheit seiner Fähigkeiten und Möglichkeiten um seines Überlebens willen auf die Zusammenarbeit mit Anderen und auf deren Hilfe angewiesen ist: Jeder Einzelne „kann nicht für sich allein tun, was doch getan werden muß, damit er zu überleben vermag." (Gigon, Antinomien im Polisbegriff des Aristoteles, 2097)

Zum anderen schließen sich die Einzelnen nach Aristoteles auch und vor allem darum zu poleis zusammen, weil es ihnen als Menschen um das vollkommene Leben zu tun ist und weil dieses nur im gemeinschaftlichen Leben erreicht werden kann. Schon in der kleinsten Einheit des Gemeinschaftslebens, der Hausgemeinschaft, geht es sowohl um die Erhaltung des Lebens selbst wie um das Ziel des guten Lebens. Im Sinne eines vollkommenen Lebens politisch zu sein besagt aber auch, das gemeinsame Wohnen in der öffentlichen politischen Welt als je eigene Aufgabe zu übernehmen, die Teilnahme und Teilgabe auch in diesem Bereich zu praktizieren.

Entsprechend den geschichtlich sich wandelnden Weisen des Miteinanderlebens und -wohnens der Menschen unterliegen auch die Weisen ihres Politischseins entscheidenden Veränderungen. Es scheint, als lebten wir heute in einer Phase des Übergangs, in der neue Konzepte und Phantasien hinsichtlich der Verfassung des staatlichen und zwischenstaatlichen Zusammenwohnens gefunden werden müssen. So braucht es z.b. neue Überlegungen zu konkreten Aktivitäten und Verhaltensweisen, – wie Bürgerinitiativen, Wahlbündnissen, Streiks, unterschiedlichen Formen sowohl des „eingeräumten Einflusses" wie der selbst reklamierten und übernommenen Möglichkeiten. Bewußt miteinander zu wohnen heißt, Mitbestimmungsrechte in den verschiedensten Bereichen einzufordern und wahrzunehmen.

Vielleicht impliziert die Situation jenes Übergangs auch und vor allem eine Änderung in der Grundeinstellung zur gemeinsamen Welt und ihren Belangen, Bedürfnissen und Erfordernissen. Die Vorstellung, daß prinzipiell „jeder sich selbst der Nächste" sei, die Politik also nur die allgemeine *Verwaltung* von an sich wesenhaft individuellen Interessen betreffe, stellt, wie ein Blick auf andere Kulturen und Zeiten zeigt, keine sogenannte „anthropologische Konstante" dar und wird, so scheint mir wenigstens, auf die Dauer nicht dem entsprechen, wie wir unser gemeinsames Wohnen als Menschen im Haus der Welt wollen können.

4) Großstädtisches Wohnen

a. *Rationalität, Individualität und Anonymität in der Großstadt*

Zu wohnen heißt – darauf verweist auch der politische Charakter des Miteinanderwohnens – nicht nur, zwischen seinen vier Wänden zuhause zu sein, also einen Ort des Privaten, eben ein Zuhause zu haben, das die mannigfachen Verrichtungen, durch die und in denen wir leben, unmittelbar umfaßt. Obgleich dies wohl die unmittelbarste Bedeutung des Wohnens ist, heißt Wohnen auch, in einem weiteren Bereich – z.B. in einer bestimmten umgrenzten Öffentlichkeit – seinen jeweiligen Lebensraum und -ort zu haben, in einer mitmenschlichen Nachbarschaft, einer Gemeinde, auch in einer Landschaft, einer Gegend, einer „Heimat". Ein Satz aus Benjamins „Charles Baudelaire" spielt mit dieser Zwiefalt: „Die Straße wird zur Wohnung für den Flaneur, der zwischen Häuserfronten so wie der Bürger in seinen vier Wänden zuhause ist." (35)

Zwei grundsätzlich nebeneinander bestehende, nicht gegeneinander auf- oder abzuwertende Möglichkeiten dieser weiteren Weise des wohnenden In-der-Welt-seins sind das ländliche und das städtische Leben. Übrigens kommen beide wohl auch historisch stets nebeneinander vor: „In der ersten Phase, die mit der Domestizierung von Nutzpflanzen und dem dadurch ermöglichten Seßhaftwerden des Menschen vor rund 12000 Jahren einsetzt, entstehen Stadt und Dorf als voneinander unabhängige Siedlungsformen. Man stellt sich wohl am besten ein *beziehungsloses Nebeneinander* autonomer und selbstversorgender Einheiten vor. Ein Gegensatz bestand nicht zwischen Stadt und Dorf, sondern zwischen Seßhaften und Nomaden."(Hamm, Einführung in die Siedlungssoziologie, 20)

Heute ist *der* Wohnort par excellence die Stadt. Derrida spricht in dem schon erwähnten Zusammenhang zwar von unserem Zeitalter als dem „Post-city-age", und auf die Dauer gesehen könnte die Entwicklung in der Tat in diese Richtung gehen. Die ständig wachsenden technologischen Möglichkeiten der Telekommunikation und des Verkehrs könnten in der Zukunft dazu führen, daß die Stadt als Funktions- und Steuerungseinheit entschieden an Bedeutung verliert.[1] Aber gegenwärtig sind wir von einem solchen Verschwinden der Stadt meistenorts noch weit entfernt. Heutiges Wohnen ist wesentlich städtisches Wohnen.

In der *Stadt* hat das Zusammenwohnen der Menschen eine andere Qualität als auf dem Land. In einem Dorf oder auf einem Bauernhof ist zumeist die Gemeinschaftlichkeit des Wohnens ausgeprägter, – eben darum gibt es hier zuweilen auch Enge, Dumpfheit und Ausgrenzung. Das dörfliche unterscheidet sich vom städtischen Wohnen u.a. durch das, was man seine Intimität und Natürlichkeit nennen kann. Demgegenüber zeichnet sich die Stadt durch ihre Offenheit und die Vielzahl der Außenbezüge ihrer Einwohner aus. Die Städter haben in ausgeprägterer Weise als die Landbewohner den Charakter von *Individuen*. Zur Verstädterung des Wohnens gehört eine doppeldeutige Entwicklung, die man geradezu als eine „gemeinschaftliche Individualisierung" bezeichnen könnte, als die Isolierung der Individuen in ihrer Vergesellschaftung. Sie bringt – scheinbar paradox – eine vielseitige Zusammenarbeit und eine Intensivierung von Bezügen hervor, die frei entworfen, allererst „aufgenommen" werden. Die Beziehungen bilden ein Netz, in das die Einzelnen nicht immer schon versponnen sind, sondern das sie, zumindest zu einem großen Teil und oftmals ohne es zu wissen, von sich aus knüpfen.

Die typischsten Ausprägungen der heutigen Stadt und ihrer Form menschlichen Zusammenwohnens sind die Großstädte oder Metropolen mit ihren Vor- und Schlafstädten. In den Industrieregionen der sogenannten Dritten Welt wachsen die Millionenstädte oftmals über jedes sinnvolle Maß hinaus. Sie sind oftmals bloße Inseln in einer im übrigen noch kaum „zivilisierten" Umwelt. Die Änderung der Lebensweise durch den Eintritt in die großen Städte, was häufig das Eintauchen in die Slums bedeutet, ist so etwas wie das Überspringen von Jahrhunderten allmählicher Entwicklung.

Die Metropolen, die Groß- oder gar Weltstädte, „Millionenstädte" wurden und werden in vielfältiger Weise kritisiert, z. B. wenn von einer „Manhattisierung" der Metropolen gesprochen wird. Häufig wurde die besondere Vergänglichkeit der großen Städte, ihr ihnen bereits innewohnender Untergang behauptet. So schreibt etwa Stierle im Hinblick auf Paris: „Ihr zukünftiges Bild ist dem gleich, das die verfallenen und entschwundenen Kapitalen einer vergangenen Welt dem gegenwärtigen Betrachter darbieten. Auch die Moderne wird einmal Antike sein und sich dann von dieser nicht mehr unterscheiden. Alle geschichtliche Differenzierung wird durch die geduldige oder plötzliche Arbeit der Natur entdifferenziert und in ihr Eigentum zurückgeholt." (Stierle, Der Tod der großen Stadt, 102)

Zuweilen werden die großen Städte allerdings auch enthusiastisch besungen. Die moderne Entwicklung der Metropole hat dem Leben eine andere Dimension gegeben, die paradigmatisch zu sein scheint für die maßgebliche zeitgenössische Lebensweise und das Lebensgefühl über den Bereich des Wohnens im engeren Sinne hinaus. Da die Verstädterung auch des sogenannten flachen Landes immer weiter fortschreitet, breiten sich – u.a. durch die Wirkung der Massenmedien und den nivellierten Konsum – die städtischen Lebensauffassungen und Lebensweisen über das ganze Land aus. Der Satz „Stadtluft macht frei" hat ursprünglich eine spezifische, soziologisch-politische Bedeutung, er gilt aber auch in einem allgemeineren Sinn. Die mit der Entwicklung der kapitalistischen Produktion und schon eines ausgedehnteren Handels einhergehende Individualisierung bedeutet auch eine relative Freiheit in den Anschauungen und Verhaltensweisen, den wirtschaftlichen und gei-

stigen Beziehungen der Einzelnen. So sagt Simmel von der Großstadt: „Sie gewährt nämlich dem Individuum eine Art und ein Maß
persönlicher Freiheit, zu denen es in anderen Verhältnissen gar keine
Analogie gibt" (Simmel, Die Großstädte und das Geistesleben, 235).

Schon seit langem und auch vor ihrer Entwicklung im Abend-
land gab es die großen Städte, z.B. im Vorderen Orient. Jericho ist
die älteste oder eine der ältesten der heute bekannten Städte und
bestand schon im 8. Jahrtausend vor unserer Zeitrechnung. Im
Fernen Osten gab es alte Stadtkulturen im Reich der Khmer sowie
in Indien und China. In Afrika, im heutigen Nigeria und an der
nordafrikanischen Küste, und auch in Mittelamerika fanden sich
lange vor der Kolonialzeit große Städte. Anonymität, Vorherrschaft
der Verwaltung, Bedeutung des Verkehrs, Hast und Schnellebigkeit,
Unübersichtlichkeit, das Nebeneinander von Luxus und Elend, die
Reizüberflutung waren und sind zu allen Zeiten Kennzeichen des
großstädtischen Wohnens. „Die psychologische Grundlage," sagt
Simmel, auf der der Typus großstädtischer Individualitäten sich
erhebt, ist die *Steigerung des Nervenlebens.*" (a.a.O., 227)

Der Entwurf der Stadt kann gleichwohl in besonderer Weise
als ein herausragendes Beispiel des *modernen* Zugriffs auf die Realität angesehen werden, bei dem es vorrangig um exakte Planung
und Konzeptualisierung, Machtausübung und Bewältigung, Ver-
einheitlichung und Durchorganisierung zu tun war und ist. Die
Planquadrate ihrer Straßen sind zunächst ein äußeres Zeichen für
den rationalen Entwurfscharakter der Großstadt. Wenn wir die
entwerfende, planende, machende Seite des Menschen, die in der
Neuzeit zum vorherrschenden und bestimmenden Modell für
Menschsein überhaupt geworden ist, als „Subjekt" – oder vielleicht
besser: „Subjektivität" – bezeichnen, dann kann die Stadt als *die*
sichtbare Realisierung des Subjekts begriffen werden, auch wenn
etwa im Fernen Osten (oder auch in der griechischen und römi-
schen Welt) die rationale Durchgliederung des städtischen Sied-
lungsraumes ebenfalls weit fortgeschritten war, lange bevor der
westeuropäische bzw. dann der amerikanische Geist mit seiner Subjektivität sich über den Erdball ausgebreitet hat. Das Phänomen der Totalisierung und der Herrschaft ist kein allein abendlän-
disches Phänomen. (Gerade darum wäre z.B. im Hinblick auf die
ostasiatische Geschichte der Metropolen, wie etwa auch im Hinblick auf die Ausbildung des philosophisch-systematischen Denkens in Indien, erst noch genauer nach den Differenzen zu fragen,
die zwischen dem westeuropäischen und dem ostasiatischen gene-
ralisierenden „Zugriff" auf die Welt bestehen.)

Der rationalen Idee der modernen Großstadt scheint die chaotische Unübersichtlichkeit der Arbeits-, Verkehrs- und generell Lebensverhältnisse in den Metropolen in eklatanter Weise zu widersprechen. Auch wenn sie eine gemeinschaftliche ist, ist die Stadtplanung heute zumeist keine einheitliche, von einer einheitlichen Vision geprägte, sondern eine multivalente und pluriformale. So kann die zeitgenössische, tatsächliche Wirklichkeit der Metropole geradezu als ein Abbild des postmodernen Realitätsverständnisses angesehen werden: die Ungeordnetheit im großen Stil, das Durcheinander und Chaos, die mannigfaltigen sich überkreuzenden und durchdringenden Tendenzen und Energien machen das eigentliche, pulsierende Leben der Stadt aus. Der angesprochene Subjektcharakter gilt jedoch auch da noch, wo es sich nicht mehr im eigentlichen Sinne um eine Planung des Wachstums und Lebens einer Stadt handelt, wo diese also eher unkontrolliert und amöbenhaft wuchert. Die Stadt ist sozusagen ein anarchisches Projekt, ein planloser Plan, – und auch und gerade dadurch entspricht sie dem Zug der heute sich scheinbar verselbständigenden, von den einzelnen Subjekten loslösenden Subjektivität.

In postmodernen Äußerungen wird darum die Intention sichtbar, das Chaotische und Wilde der modernen Metropole nicht mehr nur zu bedauern, sondern umgekehrt gerade als eine unserer Zeit durchaus angemessene Realität anzuerkennen, angemessener jedenfalls als die vorgebliche, rational entworfene Übersichtlichkeit. So schreibt etwa Moschini in dem schon zitierten Heft 18 von Lettre International: „Dem Verzicht auf das Modell entspricht eine plurale und ideologisch unvorbelastete Auffassung des urbanen Raums, die die moderne Stadt und ihre 'Diskontinuität' gegenüber den tradierten Konzeptionen nicht länger als Negation begreift."(45) Und Le Dantec: „Heute stellt uns die Stadt vor eine Herausforderung: es gilt, das städtische Chaos intelligent, d.h. großzügig zu gestalten. Diese Herausforderung will und kann die Kunst unendlich feiner Unterscheidungen, die Architektur eines neuen Barock, annehmen." Le Dantec betont auf der einen Seite mit Nachdruck die ständige Krise und Ungewißheit, die das großstädtische Leben kennzeichnen, ohne damit aber andererseits denen zustimmen zu wollen, die sagen, „daß man sich heute nicht mehr niederläßt, sondern zirkuliert, und daß man nicht mehr miteinander spricht, sondern sich einklinkt, um zu 'kommunizieren'", was er vielmehr als einen „kulturellen und sozialen Zynismus" ansieht. (51)

Obgleich Vereinzelung und Anonymität Kennzeichen der modernen Metropolen sind, gibt es auch Momente, die ihnen entgegenwirken. In der großen Stadt besteht ein kulturelles und auch soziales Angebot, eine ausgebaute Infrastruktur, wie sie auf dem Land nie erreichbar sein werden. Keiner *muß* in der Stadt allein sein. Es gibt eine beliebig große Auswahl an Geschäften, Kneipen, Unterhaltungsstätten. Auch wenn die Verschiedenartigkeit nicht unbegrenzt wahrgenommen wird, man meist dieselben Geschäfte und Restaurants, sogar Kinos besucht, ist doch die Möglichkeit eines Wechsels und einer Auswahl stets mitgewußt.

Teilweise als Gegenbewegung zur Anonymität haben sich zuweilen gerade in großen Städten kleinere Einheiten, festgefügte Quartiere gebildet, die fast die Nestwärme des Dorfes oder der Kleinstadt im Großstadtleben wiederherzustellen scheinen. (In den letzten Jahrzehnten scheint das in Deutschland besonders durch die ausländischen Bewohner aus südlichen Ländern geschehen zu sein.) Man kann z.B. an die verschiedenen, ethnisch spezifischen Viertel in New York erinnern, die im Laufe der Jahre ihren sozialen Status und ihre Einwohnerschaft in der einen oder anderen Richtung der sozialen Leiter ziemlich schnell verändern können, aber gleichwohl ihre Binnenidentität aufrecht erhalten. Die Südstadt in Köln hat einen jahrhundertealten inneren Zusammenhalt und spezifischen Charakter, so wie auch anderswo einzelne Stadtviertel ihre unverwechselbare und die Bewohner prägende Eigenart hatten und haben, die sie gegenüber umliegenden Gemeinden herausheben, so z.B. die Künstlerviertel in München, Wien oder Paris. In Hamburg hatten vermutlich die Bewohner von Harvestehude immer schon wenig mit denen von Barmbek, die von Blankenese nichts mit denen von Altona zu tun.

Was auch jeweils die rationalen Gründe des Beisammenwohnens gewesen sein mögen – z.B. die Zusammengehörigkeit von Berufsgruppen oder Zünften –, so bedeutete es zumeist auch einen nachbarschaftlichen Zusammenhalt innerhalb des größeren, anonymeren Zusammenhanges der Stadt. Wo solche Nachbarschaftsverhältnisse bei uns heute noch bestehen oder sogar wieder entstehen, da handelt es sich wohl meist um Gegenbewegungen, um den Versuch, der Tendenz der Anonymisierung entgegenzuwirken. Andererseits werden die zwischenmenschlichen Bezüge durch allzu enges Beisammenwohnen nicht gefördert, sondern eher unterbunden. Je näher man „zusammen" wohnt, umso fremder ist man sich zuweilen.

Mit der Anonymität und mit jener allgemeinen Abstraktheit des städtischen Wohnens, die sowohl die Begrifflichkeit wie den praktischen Umgang mit der Realität betrifft, geht eine „intellektualistische" Sachlichkeit zusammen, die sich u.a. in der Stadtstruktur als einem Kontrollmechanismus niederschlägt, von dem z.B. Benjamin in seinem Baudelaire-Buch spricht: „Ein ausgedehntes Kontrollnetz hatte seit der französischen Revolution das bürgerliche Leben immer fester in seine Maschen eingeschnürt. Für das Fortschreiten der Normierung gibt in der Großstadt die Häuserzählung einen brauchbaren Anhalt ab." (45f.) Sennett zeigt, daß sich im 19. Jahrhundert ein Prinzip des Ordnens durch Gliederung entwickelt – „man zerlegt etwas in seine Teile und weiß dann, was es ist" (a.a.O., 47) –, das auch und gerade für die Stadtplanung bedeutsam wird, wo der Zusammenhang des „und weiß dann, was es ist" mit der Möglichkeit des Kontrollierens und Beherrschens noch deutlicher wird als in der Einrichtung der Wohnungen. Ein engagiertes Beispiel für die rationale Stadtplanung als radikale Umsetzung des Selbstverständnisses des modernen Subjekts in die Wirklichkeit war Le Corbusiers Plan der „Ville Radieuse" mit ihren „kartesianischen Wolkenkratzern" für Paris.

Und auch Sterilität gehört zur Rationalität, Anonymität, Abstraktheit und Sachlichkeit der modernen Metropole. Im Blick auf die modernen Städteplaner, die neue Lebensräume entwerfen, bemerkt Sennett sehr schön, es sei „merkwürdig, wie sehr diejenigen, die heutzutage Parklätze, Einkaufszentren und öffentliche Plätze entwerfen, mit einem Talent zur Sterilität begabt sind – sowohl in der Art, wie sie ihr Material einsetzen, als auch in den Details der Ausführung und in der gesamten Anlage. Diese zwanghafte Neutralisierung der Umwelt wurzelt in einem uralten unglücklichen Bewußtsein, in einer Angst vor der Lust und dem Vergnügen, die die Menschen dazu trieb, ihre Lebenswelt so neutral wie möglich zu gestalten." (a.a.O., 64)

Zu solcher Neutralität gehört auch das Übergewicht der Vertikale über die Horizontale, die Tatsache also, daß man vielfach nicht neben- und beieinander, sondern übereinander wohnt. Bachelard hat über die Bedeutung geschrieben, die die Vertikale und die Differenzierungen des Hauses zwischen Keller und Dachboden für die „Hausträumer" haben. In der Großstadt ist der lebendige Charakter der Vertikalität weitgehend verloren gegangen: „In Paris gibt es keine Häuser. Die Bewohner der Großstadt wohnen in übereinandergestellten Schachteln. 'Unser Pariser Zimmer', sagt Paul Claudel, 'ist zwischen seinen vier Wänden eine Art geometrischer Ort, ein konventionelles Loch, das wir mit Bildern möblieren, mit Trödelkram und mit Schränken in einem Schrank.' Die Hausnummer, die Zahl der Stockwerke fixieren die Lokalisierung unseres 'konventionellen Loches', aber unsere Wohnung hat weder Raum um sich noch Vertikalität in sich. 'Am Boden halten sich die Häuser fest mit Asphalt, damit sie nicht durchsinken in die Erde' [Max Picard, Die Flucht vor Gott]. Das Haus hat keine Wurzel." (Poetik des Raumes, 59f.)

Die abendländische Philosophie, das Einheits- und Allgemeinheitsdenken ist bis in seine postmoderne Zersplitterung hinein weitgehend eine städtische Angelegenheit gewesen. Um nur einige ihrer Standorte aufzureihen: Ephesos, Elea, Athen, Rom, Paris, Königsberg, Berlin, Frankfurt. Natürlich läßt sich darin nicht allein eine Affinität des abendländischen Philosophierens zur Stadtkultur entdecken, aber diese jedenfalls auch. Der Unterschied etwa zum chinesischen und japanischen Denken mit seinen an einsame Gebirgsorte sich zurückziehenden oder in Armut durchs Land ziehenden Weisen liegt auf der Hand.

Nicht erst das neuzeitliche Herrschaftssubjekt, schon der frühgriechische, sich auf den Geist hin entwerfende Denker hatte offenbar einen besonderen Bezug zur Stadt. Parmenides, der eigentliche und bedeutendste Vordenker der abendländischen Ontologie, war ein Stadtmensch, Kommunalpolitiker der zweiten Generation nach der Auswanderung aus Griechenland und d.h. auch nach der neuen Stadtgründung. In der Herrschafts- und Überlegenheitserfahrung der von Wildnis und Barbaren umgebenen griechischen Küstenstadt kam wie von selbst die Frage nach dem eigentlich Wahren, nach einem schlechthin Überlegenen, oder besser: Unanfechtbaren und Unerschütterlichen auf. In Analogie zu dem Aufbruch der Elterngeneration aus dem zu eng werdenden griechischen Mutterland, und zugleich in dessen extremer Überbietung, erhebt Parmenides sich über die „Menschenstädte" – bzw. wird von himmlischen Mächten darüber hinausgeführt –, um zu einer Wahrheit zu gelangen, hinsichtlich derer kein Schwanken und kein „einerseits/andererseits", kein „manchmal so und manchmal anders" mehr möglich ist.

Sloterdijk sieht in Heraklit, der etwa zur selben Zeit ebenfalls in einer Kolonialstadt, in Ephesos in Kleinasien, lebte, den Vollzieher der Wendung zum „rationalen Weltbild". (Bei Hegel, dem Vollender des metaphysischen Denkens, sind dann das Gegensatz- und Logosdenken von Heraklit und das Einheits- und Seinsdenken von Parmenides zu einer großartigen und nicht überbietbaren Einheit zusammengedacht, – weswegen das, was man das „Projekt der abendländischen Metaphysik" nennen könnte, mit ihm zu seinem – wohlverdienten – Ende gekommen ist). Sloterdijks Darstellung des Beginns des Weltdenkens mit Heraklit verknüpft das Weltdenken mit dem Stadtdenken: „Heraklit betritt und eröffnet eine Zone dauernder Wissens-Helligkeit, die wie ein höheres Stockwerk über die wechselvolle Hell-Dunkel-Welt der sterblichen Zustände gesetzt wird." „Die Entdeckung oder Verkündung des Logos-Tages markiert die Heraufkunft der politischen oder polishaften Ontologie; denn das Sein der Stadt kann erst mit der Eröffnung des *koinon*, des in öffentlicher heller Rede gefundenen Gemeinsamen, aufgehen" (Sloterdijk, Weltfremdheit, 345 und 347).

Der volle Logos-Tag der Stadt ist oft in eine utopische Zukunft verlegt worden. Daß die Stadt etwas Rationales und Gewolltes ist, besagt auch, daß immer wieder Utopien und Idealvorstellungen von Städten entstanden, bis hin einerseits zur Vorstellung des himmlischen Jerusalem, andererseits den Stadtphantasien in der futuristischen Literatur. „Seit wir städtisches Leben erinnern", schreibt Mitscherlich (VII), „ist es von jenem bohrenden Verlangen bestimmt, ein 'Idealbild seiner Ideale' anschaulich zu errichten". (XI) Und Bloch widmet in „Das Prinzip Hoffnung" den Bauutopien ein ganzes Kapitel mit dem Titel „Bauten, die eine bessere Welt abbilden, Architektonische Utopien", wobei ein längerer Abschnitt auch von den Stadtplänen und Idealstädten handelt.

b. Die Großstadt – auf der Erde, unter dem Himmel?

Die Stadt kann als das steingewordene Gegenbild zur Natur erscheinen.[2] Zwar werden auch Asphalt und Beton „sinnlich" erfahren, aber das ist zunächst einmal eine Sinnlichkeit, die gerade durch die Nivellierung von naturhaften Differenzen und Sensibilitäten bestimmt ist. Das Leiden an der Härte und Kälte, das Zurückweichen vorm Unorganischen, Leblosen, das Unheimischsein zwischen hohen Betonmauern und auf repräsentativen, großen Verkehrsadern, die den Fußgänger vertrieben haben, oder in öffentlichen Gebäuden, in denen der Einzelne zur bloßen Bittsteller-Nummer wird, – das alles hat einen Charakter der Unsinnlichkeit oder Künstlichkeit, der als Naturferne gekennzeichnet werden kann.

Die Naturferne ist eine Kehrseite der Rationalität und Abstraktheit der Metropole, die auf der anderen Seite gerade ihr Faszinosum mit ausmachen. Das Anregende und Elektrisierende, der Aufforderungs- und Herausforderungscharakter der Großstadt verdankt sich u.a. gerade ihrer gesteigerten Künstlichkeit und „Gedachtheit", ihrer groß-artigen, abstrakten Unnatürlichkeit . Blumenberg erklärt: „Es kommt auf die Sichtbarkeit der Stadt nicht an, sondern auf die Kraftlinien und Relationen, die sie hervorbringen und tragen; sie sind das 'abstrakte' Moment, auf das sich die nie zu stillende Sehnsucht nach einer anderen Art von 'Realismus' bezieht" (Blumenberg, Höhlenausgänge, 79).

Gleichwohl: de facto liegen die Städte auf der Erde, liegen sie unter dem Himmel. Hat das „Unter dem Pflaster liegt der Strand" noch eine spürbare Relevanz für ihre Bewohner? Ist auch noch das Wohnen in der Metropole in einem nicht nur formalen Sinne als Wohnen auf der Erde und unter dem Himmel, als welthaftes Wohnen zu verstehen? Diese Fragen können hier nur gestellt, nicht zureichend beantwortet werden. Sie betreffen ein welthaftes Situiertsein auch noch der Großstadt, das konkrete menschliche Wohnen in der Stadt als Lebensraum, als Raum des Lebens und Sterbens.

Im Vergleich mit dem Leben „auf dem Lande" erscheint das städtische Leben als gegen die Natürlichkeit und damit in gewissem Sinne auch gegen die Natur gerichtet. Zwar hat sich auch beim Landleben inzwischen vieles geändert; es vollzieht sich nicht mehr mit Selbstverständlichkeit in unmittelbarer Abhängigkeit von Erde und Himmel, sondern hat sich zunehmend aus der Auseinandersetzung mit ihnen gelöst. Gleichwohl hat die Natur, haben die irdischen Gegebenheiten und z.B. die Himmelserscheinungen hier immer-noch eine weitaus größere Präsenz und Relevanz als für das Leben in der Stadt, zumal in der Großstadt. Nirgends scheinen Erde und Himmel so fern wie dort, wo man am Tag die Bläue des Himmels vergißt, weil der Smog alles in ein einheitliches Grau hüllt, und in der Nacht die Sterne und Sternbilder nur noch sieht, wenn man die Augen zumacht. Heidegger hat mit Sicherheit nicht an New York oder Tokio gedacht, als er vom „Wohnen auf der Erde und unter dem Himmel" geschrieben hat.

Auch wenn man mit dem Kopf weiß, daß der Raum des Wohnens (und Wanderns) der Raum zwischen Himmel und Erde ist, scheint für den Bewohner der großen Städte die Zugehörigkeit zur Erde im unmittelbaren Sinn kaum mehr von Bedeutung zu sein. Was an der Stadt das „natürliche" Empfinden zu hindern scheint, ist – räumlich, zeitlich und qualitativ – ihre Maßlosigkeit oder Atemlosigkeit, also das Undimensionierte und Massenhafte, das Hektische und Ruhelose, das Unqualifizierte und Elende, wir können,

50

beinahe tautologisch, auch sagen: das Künstliche und Unorganische, Unharmonische. Daß die Entgegensetzung von Stadt und Land, Großstadt und Natur zum Signum unserer modernen Welt geworden ist, bedeutet nicht zuletzt die Trennung von einer lebendigen Erde, die noch „die bauend Tragende, die nährend Fruchtende, hegend Gewässer und Gestein, Gewächs und Getier" wäre, wie es bei Heidegger heißt (Das Ding, 176). Unsere Häuser stehen mit ihren Betonfundamenten zwar noch auf der Erde, aber diese hat kaum mehr die sinnliche Qualität von *Erde*, ganz abgesehen davon, daß sie in den Städten mannigfach von Leitungen und Schächten, Kanälen und Rohren durchzogen und unterminiert ist.

Die Orte des großstädtischen Wohnens – und man spricht da meist nicht mehr von Häusern, sondern von Gebäuden und Gebäudekomplexen, von Straßenzeilen und Verkehrsadern – sind konstruiert, entworfen, errichtet. Und wie die Errichtung ihrer Gebäude, so ist auch das Entstehen der Stadt als ganzer heute meist geplant; die Stadt ist in ganz anderer Weise ein Produkt menschlichen Hervorbringens als das „gewachsene Dorf". Zwar gilt schon für jedes einzelne Haus, daß es von Menschen hervorgebracht ist, und das ursprüngliche Seßhaftwerden, das Sich-niederlassen eines Stammes oder einer Sippe an einem bestimmten Ort war bereits ein subjektiver Entwurf, der zudem eine genaue Planung in Bezug auf die geographischen, klimatischen, geomantischen usw. Gegebenheiten implizieren konnte. Aber gewöhnlich handelte es sich da entweder „noch" um ein Sichanlehnen an die Erde, ein Sicheinlassen auf ihre Gegebenheiten im Sicheinrichten bei oder auf ihr, oder es waren eben doch, wenn es wirklich eine gemeinsame, rationale Planung gab, zumindest der Tendenz nach so etwas wie *Stadt*gründungen, wir können auch sagen: politische Unternehmungen.

Bauernhöfe können „lagern". Sie „lehnen" sich an einen Berghang, sie ducken sich an einen Deich usw. Ein Dorf oder ein Weiler oder ein für sich gelegenes Bauernhaus erscheinen als gewachsen, von sich aus dahin gehörig, wo sie liegen, sozusagen „eingewurzelt". Eine Stadt dagegen, oft schon als befestigter Platz entstanden, ist in ganz anderem, jedenfalls in viel radikalerem Sinne etwas Gebautes, Hingestelltes, Entworfenes, – auch wenn das, wie erwähnt, nicht besagt, daß sich die Städte allmählich, gleichzeitig mit dem Weg eines Bewußterwerdens der Menschen, aus der Siedlungsform der Dörfer entwickelt hätten.

In der Stadt wohnt man – nicht nur, was die eigene Wohnung

oder das Haus angeht, und anders, als das dort der Fall ist – in einem ausgezeichneten Sinne „innen", in einem ummauerten Bereich. Blumenberg vergleicht in „Höhlenausgänge" die Stadt mit der Höhle, bzw. er stellt beide nebeneinander: „Die Stadt ist die Wiederholung der Höhle mit anderen Mitteln. Sie ist vor allem Abschirmung gegen alle Realitäten, die sie nicht selbst hervorbringt oder als bloße Materialien in sich hereinzieht. Im Schutz dieser Abschirmung ist sie der Inbegriff von Künstlichkeit." (a.a.O., 76) Die Stadt grenzt sich ab gegen die Natur, gegen das offene, sogenannte „flache Land", selbst da, wo sie in dieses hinein „ausufert". Das Wohnen humanisiert zwar stets und als solches ein Stück Natur. Aber in der Stadt ist diese Künstlichkeit und Gewolltheit eine bei weitem ausdrücklichere als auf dem Land, wo das Wohnen schon von seinen vorrangigen Verrichtungen her in die Natur hineingehört. Anders als das Land de-finiert sich die Stadt gegen das, was sie nicht ist.

Auch die Kritik von Dichtern an der Großstadt speist sich oftmals gerade aus ihrem Gegensatz zur Natur und Natürlichkeit und sieht in diesem ihr eigentlich Verruchtes. Ich erinnere nur an einige Zeilen aus zwei Gedichten aus Rilkes Stunden-Buch:

Die großen Städte sind nicht wahr; sie täuschen
den Tag, die Nacht, die Tiere und das Kind;
ihr Schweigen lügt, sie lügen mit Geräuschen
und mit den Dingen, welche willig sind.

Und:

Denn, Herr, die großen Städte sind
verlorene und aufgelöste;
...
und draußen wacht und atmet deine Erde,
sie aber sind und wissen es nicht mehr.

Da wachsen Kinder auf an Fensterstufen,
die immer in demselben Schatten sind,
und wissen nicht, daß draußen Blumen rufen
zu einem Tag voll Weite, Glück und Wind, –
und müssen Kind sein und sind traurig Kind.

Eine solche gedichtete Klage um den Verlust von Natur, von Sonnenschein und Farbe könnte ein Hinweis darauf sein, daß die Natur sich heute gerade in der Weise ihrer Defizienz bzw. ihres

Zerstörtwerdens wieder meldet. Daß die Städte bei bestimmten Wetterlagen kaum mehr bewohnbar sind, weil ihre Luft vergiftet ist, daß das „Draußensein" auf Straßen und Plätzen für die Kinder zumeist nicht mehr möglich ist, weil sie als Orte des Spielens und Erlebens nicht mehr in Frage kommen, daß der Verkehr durch die Stadt sich oftmals selbst stranguliert und so die natürlichen Begegnungen und Bewegungen reduziert, das und vieles andere führt das Verlorene wieder vor Augen, läßt die Natur in ihrer Abwesenheit neu präsent werden.

Und doch: wo wären wir denn, wenn wir in der Stadt *nicht* auf der Erde und *nicht* unter dem Himmel wären? Daß wir auf der Erde sind, das kann doch nicht nur für die Ferien gelten, wenn wir mit bloßen Füßen über feuchte, nach dem Regen duftende Wiesen oder über Sand und Muscheln und Steine am Strand entlang laufen. Allerdings ist die Gegenwart von Erde und Himmel in der Großstadt von anderer Art als auf dem Land. Und sie ist nicht an das Vorhandensein oder die Vorherrschaft eines unmittelbaren Sichtbarseins von Natur gebunden. Die Assoziation von Erde mit Ackerkrume und Wiesen deckt nur einen – heute kaum mehr erfahrbaren – Teil dessen ab, was *Erde* ist.

Offenbar müssen die Begriffe, die wir uns von der Natur und von Himmel und Erde gemacht haben, neu überdacht werden, wenn wir das *Irdischsein* unserer menschlichen Existenz weiterhin ernst nehmen wollen, – was allerdings auch impliziert, daß auch die Gegenbegriffe zu Natur und Natürlichkeit – Technik und Technisches oder Künstliches – neu verstanden werden.

Der schon zitierte Satz „Unter dem Pflaster liegt der Strand" drückt auf eine trotzige und zugleich exakter Phantasie verpflichtete Weise aus, daß alles Zubetonieren und Versiegeln der Erde letztlich nichts an der Tatsache ändern kann, daß wir auf der Erde wohnen. Auch wenn wir weitgehend das Wissen darum verloren haben, heißt das nicht, daß da nichts mehr wäre, das zu wissen und zu fühlen und zu empfinden wäre, daß es nicht von Bedeutung sein könnte, ein solches Wissen und Fühlen – in neuer Gestalt – wiederzufinden, eine „Erdung" auch des städtischen In-der-Welt-seins zu gewinnen.

Ein Moment solchen Wiederfindens könnte darin liegen, daß die Großstadt auf eine neue Weise selbst als naturhaft oder „naturähnlich" erfahren wird. Möglicherweise treten ihre eigenen natürlichen Momente erst und nur da in Erscheinung, wo sie in einer spannungsreichen Auseinandersetzung mit dem scheinbar überwundenen Natürlichen gesehen und zugelassen werden: Wo Betonwände und Straßenführungen so gestaltet, vor allem aber: so gesehen werden, daß sie trotz allem eine Chance haben, sich als „Landschaftliches" im weiteren Sinne zu zeigen. (Zu erinnern wäre etwa, auch wenn man sich vor falscher Ästhetisierung hüten sollte, an die ekstatische Erfahrung des Anblicks, der sich von der Höhe eines Wolkenkratzers bietet, wenn die Riesenstadt zu der Unwirklichkeit eines Dargebreiteten, Beschaubaren gerinnt.) Wo dem Himmel, seinen Winden und seinen Schatten, Einlaß gewährt und der Erde zu einem neuen, eigenständigen Sichzeigen verholfen wird, – womit nicht die sogenannten grünen Lungen der Stadt gemeint sind.

Die Wahrnehmung einer gewissen Landschaftlichkeit der Stadt, ihrer immer fortwährenden, wenn auch sehr vielförmigen und oftmals versteckten Kommunikation mit der Natur ist ein Moment, das mit Visionen und Phantasien in die Überlegungen zur Zukunft der Metropole als einer wirklich bewohnbaren einzubringen wäre. Nicht nur in Pfützen und Wolken, im Nebel, in angemoosten Mauern, sondern auch in den Lichtkegeln der nächtlichen Straßenbeleuchtung, in spiegelnden Fensterscheiben, in den konvergierenden Linien von Häuserfluchten werden Momente des unsichtbaren Landschaftscharakters der Metropole sichtbar.

Ich würde allerdings noch einen Schritt weiter gehen, ohne das hier ausführen zu können. Das bisher Gesagte betrifft Naturmomente, die allem Anschein zum Trotz auch in der sogenannten Betonwüste – und ist es Zufall, daß diese Bezeichnung von einem ausgezeichneten Naturphänomen Gebrauch macht? – noch wahrnehmbar sind. Ich frage mich aber, ob nicht auch die sogenannte „zweite Natur" selbst – also das Technische und Gesellschaftliche, die vom Menschen gemachten und dann zu Selbständigkeit gelangten „Entitäten" – die Möglichkeit in sich birgt, eben *Natur*, d.h. ein von sich her Seiendes zu sein, in das der Mensch „organisch" hineingehört (Vgl. hierzu genauer v. Verf.: Über Natur, 159ff). Ist nicht gerade die unbestreitbare Tatsache, daß auch das Leben in ihr und der Umgang mit ihr noch in den Raum zwischen der Erde und dem Himmel gehört, auf jener angesiedelt und von diesem überwölbt ist, ein Hinweis darauf, daß die Reflextion auf die Natur nicht einfach aufzugeben, sondern auf eine neue Ebene zu heben ist? Aber die Fragen nach dem Himmel und der Erde der Großstadt sind allererst zu *stellen* und bedürfen einer generelleren Besinnung auf die Bedeutung des Wohnens auf der Erde und unter dem Himmel, auf das Wohnen im Haus der Welt.

III. Der Raum der Welt

1) Orte und Richtungen des Wohnens in der Welt

Wenn wir wohnen und wenn wir wandern, uns in Ruhe an einem Ort einrichten oder uns durch Orte und Gegenden bewegen, sind wir im Raum zwischen Himmel und Erde. Die Rede vom Wohnen und Wandern als wesentlichen Bestimmungen des menschlichen In-der-Welt-seins macht den Menschen an der *Erde* fest, sucht ihn in ihr zu verankern oder zu verwurzeln, wobei diese Verwurzelung auch eine nur mittelbare sein kann: wir fühlen uns einem bestimmten Ort zugehörig, weil etwas, das für uns bestimmend geworden ist – etwa das Elternhaus –, da seinen Platz hat oder hatte. Die Vorstellungen von der Erde als dem Stern, auf dem wir wohnen und wandern, und der Erde als dem Boden, der uns trägt, auf dem wir gehen und in dem wir wurzeln, berühren sich. Die Verwurzelung ist nicht ortsbeständig: unsere Wurzeln begleiten uns, und die Erde, in der wir wurzeln, wechselt mit uns den Ort, – und bleibt doch zugleich die eine, selbe. Das Wohnen und das Wandern implizieren zwei zusammengehörige Aspekte eines Selben, ein Haltendes und ein Loslassendes. Man könnte auch sagen: ein Wurzeln in der Erde und ein Wurzeln in der Luft, das ein Sichoffenhalten für den Himmel ist. Die Zugehörigkeit zur Erde und die Zugehörigkeit zum Himmel entsprechen einander; auf der Erde zu sein, heißt, unter dem Himmel zu sein; das, was zwischen beiden ist, beheimatet das Wohnen wie das Wandern.

Der Raum des Zwischen ist jeweils ein gerichteter, sich qualitativ differenzierender Raum, keine abstrakte Raumhaftigkeit. Die Räume des Wohnens wie des Wanderns haben ausgezeichnete Orte und Plätze, weisen in Richtungen und auf Horizonte, sind bestimmt durch Unterschiede des Oben und Unten, Innen und Außen, Vorne und Hinten, Hier und Dort. In vielen Kulturen findet sich die Überzeugung, daß es auf der Erde Orte und Gegenden gibt, denen eine besondere Kraft innewohnt, die heilige Orte sind. Auch christliche Heiligtümer, etwa Kapellen, wurden oftmals an Orten errichtet, wo – ob es davon noch eine Kunde gab oder nicht – zu früheren Zeiten z.B. eine Wotanseiche gestanden hatte. Jedoch ist in der westlichen Zivilisation viel von dem Wissen um die Bedeutung räumlicher Differenzierungen für das Wohnen verloren gegangen.

Das Wohnen scheint für uns heute höchstens noch in dem Sinne einen gewissen Bezug zur Erde zu haben, daß man eine Beziehung zum Heimatboden, zu der als heimatlich empfundenen Umgebung des Hauses der Kindheit bewahrt hat, oder zu einer Landschaft, die man als heimatlich oder irgendwie wesensverwandt empfindet – wobei „Landschaft" durchaus auch eine Stadt meinen kann. Allerdings findet sich in der Festlegung der Himmelsrichtung der Gotteshäuser auch bei uns, wie etwa im Islam, noch ein unmittelbarer Bezug auf die räumlichen Gegebenheiten. (Dagegen hat die heutige Ausrichtung der Wohnhäuser nach der Südseite natürlich keinerlei mythischen Bezug mehr, sondern allein pragmatische Gründe, z.B. solche der Energieersparnis.)

Um die Bedeutung ausgezeichneter Orte und Richtungen zu verdeutlichen, greife ich im Folgenden vor allem auf andere Kulturen zurück. Ausführlich hat über diese Fragen z.B. der indianische Autor Vine Deloria nachgedacht. Er sieht die Existenz solcher heiligen Plätze als ein Zeichen dafür an, daß die Menschen der Erde zugehören (God is red, 81). Die Verbundenheit mit ihr bleibt nach ihm solange gewährleistet, als die Zugehörigkeit z.B. zu diesem bestimmten Berg oder diesem bestimmten Fluß, also etwa zu dem, was das räumliche Zentrum eines Stammes ist, gewußt bleibt und bewahrt wird.

Bei Deloria steht diese Überlegung im Zusammenhang seiner Darstellung des Unterschiedes zwischen der westlich/christlichen Kultur und Religion, die er als in besonderer Weise durch die Konzeption der *Zeit* bestimmt sieht, und den sogenannten „primitiven Religionen" oder „Stammesreligionen", für die der Begriff und die Erfahrung des *Raumes* fundamentaler sind: Ist die Realität unserer Erfahrung eher in Raumbegriffen oder in Zeitbegriffen beschreibbar, – als etwas, das „hier", oder als etwas, das „dann" geschah? (Vgl. a.a.O. 91) „Die amerikanischen Indianer sprechen ihrem Land – den Plätzen – die höchstmögliche Bedeutung zu" (75). Was die Einzelnen, die Arten und die Individuen der Menschen und der anderen irdischen Dinge, sowohl voneinander unterscheidet wie in einer umfassenden Verhältnishaftigkeit zueinander hält, ist ihr gemeinsamer Raum. Der wesentliche Zusammenhang alles Natürlichen, den Menschen inbegriffen, verdankt sich nicht einem „homogenen Sinn der Zeit, einer Universalgeschichte" (78), sondern dem Zusammenhang ihrer Orte und Plätze. Es gehört(e) unmittelbar zum Selbstverständnis der nordamerikanischen Stämme, daß sie auf der Erde zuhause sind und in einem vielseitigen Austauschverhältnis mit allen irdischen Wesen stehen, mit denen sie sich prinzipiell verwandt, weil letztlich von gleicher Art wissen.

Das Bewußtsein einer qualitativen Gleichartigkeit und d.h. Verwandtschaft alles Irdischen steht im Gegensatz zu einer abstrahierenden Haltung gegenüber dem Nichtmenschlichen und dem Menschlichen – damit auch zur Wissenschaft und Technik im westlichen Sinne. Die Verwandtschaft alles Irdischen ist keine Gemeinsamkeit der Zugehörigkeit zu einer selben Gattung, ihre Allgemeinheit keine abstrakte, Verschiedenes unter gemeinsame Merkmale zusammengreifende. Diese Verwandtschaft bedeutet vielmehr ein wechselseitiges Sich-aufeinander-beziehen in einem allen gemeinsamen, all-gemeinen Raum der Erde, die konkrete Gemeinsamkeit der vielen Einzelnen in einem sie real räumlich Umfassenden oder vielleicht besser: Einbefassenden und Unterlaufenden. Es mag sein, daß Deloria in seinen Überlegungen die Zeit zu einseitig als einen linearen und zugleich totalisierenden Prozeß versteht; die Allgemeinheit der im westlichen Sinne verstandenen *Zeit* nähert sich jedoch in der Tat der begrifflichen Allgemeinheit. Zeitliche Vergegenwärtigung bedeutet auch Verallgemeinerung, dann nämlich, wenn sie und insofern sie Einordnung in eine einheitliche Linearität bedeutet. Räumliche Vergegenwärtigung dagegen – wenn sie und insofern sie *nicht* als Einordnung in einen metrisch gegliederten, „objektiven" Raum geschieht – meint eher ein unmittelbares Vorsichhaben in der Vielfalt des Neben- und Miteinander, das sich wesenhaft auf ein je Besonderes bezieht.

Die Differenz zwischen abstrakter und konkreter Allgemeinheit läßt sich gut an dem Beispiel der geschichtlichen Erinnerung verdeutlichen, das Deloria anführt. Auch bei indianischen Stämmen gab es geschichtliche Erinnerung, nur daß die ihr zugrundeliegende Zeiterfahrung keine chronometrisch gefaßte war. Sie geschah nicht mittels historischer Datierung, nicht innerhalb eines Kontinuums „chronologischer Wirklichkeitsbeschreibung". Auf einer speziell präparierten Tierhaut, meist der eines Büffels, wurde z.B. jedes Jahr das jeweils bemerkenswerteste Geschehnis in einer Zeichnung festgehalten. „Allmählich füllte sich die Haut mit Darstellungen der Jahre, und sie wurde solange aufbewahrt, wie Leute lebten, die sich an die Bedeutung der Figuren und Symbole erinnern konnten." (112)

In die selbe Erfahrungsrichtung weist auch der ebenfalls aus indianischer Einsicht gesprochene Satz: „Nicht die Jahre ließen einen Menschen altern, sondern die Meilen und Meilen, die er durch die Welt gewandert war." (Vgl. hierzu v. Verf.: Nichts. Bilder und Beispiele, 5., V.). Was von der Geschichte erinnerbar und erinnerungswürdig ist, sind nicht einfach die vergangenen Zeiträume, sondern das, was sie angefüllt hat, was in ihnen geschah und sie darum bemerkenswert machte. Die Jahre sind nichts anderes als die erinnerungswürdigen Geschehnisse. Darum bedarf es auch keiner Erinnerung über die Zeit der Erinnernden hinaus. Das Vergangene hat nur Bedeutung für die, denen es tatsächlich etwas bedeutete.

Die räumlichen und zeitlichen Differenzierungen der Welt hatten in unterschiedlichen Kulturen und Zeiten nicht nur für das Leben überhaupt, sondern gerade auch für das Haus und das Wohnen in ihm eine entscheidende Bedeutung. Es war wichtig, wo auf der Erde, an welchem Platz und in welcher Umgebung es sich befinden sollte und wie und wann es dort am besten entstünde. „Nur zu einer bestimmten Zeit kann ein bestimmtes Material an einem bestimmten Platz verwendet werden." (Asien: Straße, Haus. Eine typologische Sammlung asiatischer Wohnformen, 10) Es gab und gibt eigene Sachverständige für diese Frage, z.B. in Indien die Shtapati oder in China die Geomanten, die den für eine Behausung (oder auch für ein Grab) günstigen Ort und die richtige Zeit für den Baubeginn berechnen können. „Nach seiner Fertigstellung bildet er [der Bau] eine Einheit. Er hat seine Entsprechung im Kosmos und kann später nicht mehr abgeändert werden." (11)

Die Geomantik, fengshui, ist in den letzten Jahren auch bei uns bekannt geworden. Sie trägt verschiedenen Gesichtspunkten Rechnung.[3] Insbesondere geht es um die richtige Verortung oder Situierung des Wohnens in Bezug auf die Eigenschaften, Eigenheiten und immanenten Differenzierungen der Erde selbst bzw. ihrer landschaftlichen Gegebenheiten. Der richtige Ort eines Hauses hat aber nicht nur mit seiner Lage auf der Erde zu tun, sondern ebensosehr mit seinem Verhältnis zum Himmel und zu dessen Erscheinungen. Der Sache nach gehören die die Erde und die den Himmel betreffenden Gesichtspunkte zusammen; ein Haus zu bewohnen, besagt nicht einfach, beliebig irgendwo sein Leben zu fristen, sondern in der Welt, also zwischen Himmel und Erde situiert, ja „verankert" zu sein. „Von Kindesbeinen an wird jeder Pawnee dahin erzogen, in seinem Haus seine Welt zu sehen. Er weiß, daß er wortwörtlich im Kosmos wohnt, daß durch das Rauchloch Tirawa auf ihn herabsieht, daß er auf der Brust seiner Mutter Erde umhergeht." (Müller, Neue Sonne, Neues Licht, 177)

Übrigens müssen die „topographischen Voraussetzungen" keineswegs in unserem Verständnis „natürliche" sein. Das Naturverständnis in Ostasien schließt Künstlichkeit mit ein, ja fordert sie sogar, wie man besonders deutlich an japanischen und chinesischen Gärten sehen kann. Betritt man durch das Große Mittagstor den Bereich des Kaiserpalastes in Peking, so kommt man auf einen großen Hof, der von einem gewundenen Wasserlauf, dem Goldwasserbach, durchzogen wird. Dieser Bach, der von Marmorgeländern eingefaßt ist und kaum an ein natürliches Gewässer denken läßt, wurde aus geomantischen Gründen angelegt. Denn ein Gebäude soll, um in glücklicher Konstellation zu bestehen, mit der Vorderseite auf Wasser schauen und einen Berg im Rücken haben. Dieser „Berg" ist im Falle des Kaiserpalastes noch weniger „natürlich" als das Wasser. Das beim Ausheben der die Verbotene Stadt umziehenden Wassergräben anfallende Erdmaterial wurde im Norden des Palastes aufgehäuft und bildet so den „Kohlehügel", kaum die Andeutung eines Berges. Die Beziehungen des Wohnens zur Erde als Wasser und Berg, oder auch als Wasser und Wind, sind als Beziehungen zu den diesen eigenen Mächten oder Bedeutungen zu verstehen.

Neben dem Ort oder Platz, den es einnimmt, spielt auch die vielfältige räumliche Ausrichtung und Gerichtetheit, die dem Haus als dem vornehmlichen Wohnort zukommt, eine wichtige Rolle für den Bezug des Wohnens zur Erde, und hier besonders das Spannungsfeld von *innen und außen*. Diese räumliche Differenzierung des Lebensraumes ist durch das Wohnen selbst gegeben. In unseren Breiten und unserer Kultur ist das Haus – auch wenn es da von Land zu Land, vor allem von Norden nach Süden, beträchtliche Unterschiede gibt – ein nach außen abgeschlossener, in sich zurückbergender Raum. Es stellt einen Bereich dar, den wir uns als einen Innenraum schaffen, um uns in ihm „zurückzuziehen" und ihn der äußeren Welt, der Natur im weitesten Sinne, entgegenzusetzen.

Die spezifische Weise, wie sich das Wohnen jeweils zum Innen und Außen, d.h. zum – menschlich hervorgebrachten – Wohnbereich einerseits und der natürlichen Umgebung andererseits verhält, macht das In-der-Welt-sein selbst mit aus. Die Konstellation von Innenraum und kontrastierendem Außenraum bestimmt die Atmosphäre, die sinnliche Eigentümlichkeit der Räume und ihrer Ausgedehntheit, so wie auch die Dinge, die den Innenraum zu einem eingeräumten machen, zu der bestimmten sinnlichen Qualität gehören, durch die das Innen seine Bewohner beeinflußt.

Wir wohnen „drinnen", ummauert, zumindest eingezäunt. Insofern kann, wie früher gesagt, die Wohnung als Abschirmung gegen die Natur, aber auch gegen andere Menschen angesehen werden. Das heißt nicht, daß in ihr kein Bezug zur Erde mehr bestünde, aber er ist durch das Wohnen gewissermaßen humanisiert, zur menschlichen Natur gemacht. Die Wohnung ist Burg, Höhle, Nest. Für das abendländische Selbstverständnis hat die im wesentlichen von Aristoteles erdachte und ins Gespräch gebrachte ausdrückliche Unterscheidung von Natürlichem und Künstlichem, von Menschen Gemachtem, zwischen physei on und techne on, eine konstitutive Bedeutung erlangt. Die Unterscheidung von Künstlichem bzw. Technischem einerseits und Natürlichem andererseits hängt aber zugleich mit der jeweils geläufigen Wertung von Innen und Außen und d.h. auch, in unserem Zusammenhang, mit der Entgegensetzung von Haus und Außenwelt zusammen.

Die Hochschätzung des Hauses und des Innen, damit auch der Privatsphäre, die in der westlichen Moderne eine so große Bedeutung erlangt hat – und dies selbst da noch, wo Intimität und Privatheit immer mehr verloren zu gehen scheinen – diese Hochschätzung ist keineswegs selbstverständlich. Besonders deutlich unterscheidet sich das japanische Verständnis von Innen und Außen von dem europäischen. Das traditionelle japanische Haus grenzt sich so wenig wie möglich gegen die Außenwelt ab, Innen- und Außenraum gehen fast ineinander über. Die Schiebetüren bzw. Schiebewände ermöglichen die Ausweitung des Hauses in den Garten hinein oder sogar umgekehrt des Gartens in die Räume des Hauses. „Bei einem japanischen Haus wird weder innen noch außen etwas verschleiert, gestrichen oder vorgetäuscht. Es gibt keine Fassaden und keinen Verputz. Man schätzt die Natürlichkeit des Materials, des Holzes, der Binsenmatten, der mit Papier bespannten Schiebewände." (Schwalbe, Japan, 293) Und andererseits können Parks und Gärten beinahe wie Häuser „bewohnt" werden. So ähnelt der Rasen unter den blühenden Kirschbäumen im Frühjahr dem Fußboden einer Wohnung; man läßt sich auf ihm zum Essen und Reden nieder, zieht sogar am Rande die Schuhe aus wie zuhause.

Bourdieu beschreibt, daß für die Kabylen in Nordafrika die Unterscheidung von Innen und Außen eine geschlechtsspezifische Relevanz hat: „Das eine oder das andere der beiden Gegensatzgefüge, die das Haus entweder in seiner inneren Strukturierung oder in seinem Verhältnis zur Außenwelt definieren, rückt in den Vordergrund, je nachdem, ob man das Haus vom männlichen oder vom weiblichen Standpunkt aus betrachtet; ist das Haus für den Mann weniger ein Ort, den man betritt, als vielmehr ein Ort, den man verläßt, so kann die Frau diesen beiden Bewegungen und den damit zusammenhängenden, verschiedenen Definitionen des Hauses nur die umgekehrte Bedeutung und Wichtigkeit zumessen, da ja die Bewegung nach außen für sie hauptsächlich einen Akt des Ausstoßens bedeutet, während die Bewegung nach innen, d.h. von der Schwelle zur Feuerstelle hin, ihr als die ihr spezifische zugehört." (Bourdieu, Entwurf einer Theorie der Praxis, 61) Die Schwelle zwischen Innenraum und Außenwelt wird von Männern und Frauen auf entgegengesetzte Weise erlebt und gelebt.

Im Zusammenhang mit der Schwelle kann an die in sich differenzierte Bedeutung, die ihr in unserem eigenen Verständnis zukommt, erinnert werden. Ich glaube, es war Bachelard, der darauf hingewiesen hat, daß wir bei dem Wort „Schwelle" zuerst an das Hineintreten denken, wie etwa auch das „über die Schwelle tragen" nicht als eine nach draußen gerichtete Bewegung verstanden wird. Bachelard weist auch daraufhin, daß, wie die Türklinke die Funktion des Öffnens bedeutet – „Nur ein abstrakter Logiker kann einwenden, daß sie ebensogut zum Schließen wie zum Öffnen dient" –, so dagegen bei dem Wort Schloß oder Schlüssel umgekehrt das Schließen, und d.h. doch wohl das von außen und nach außen Abschließen im Vordergrund steht. „Im Reich der Werte schließt aber zum Beispiel ein Schlüssel mehr als er öffnet. Die Klinke dagegen öffnet mehr als sie schließt. Und immer ist die Bewegung, die schließt, deutlicher, stärker, kürzer als die Bewegung, die öffnet." (Poetik des Raumes, 103)

Zum Abschluß unseres Blicks auf die unterschiedlichen Bedeutungen, die die Unterscheidung von Außen und Innen für das Wohnen im Haus haben kann, füge ich noch einige Sätze des nordamerikanischen Indianers Pelletier an: „Als ich diesen Typen zuhörte, ... wußte ich einfach, daß in der alten Zeit kaum einer der Stammesleute je wirklich drinnen gewohnt hatte, nicht mal im Winter. Sie hatten ihr Zeug in diesen Tipis oder worin auch immer, und dort gingen sie hinein, um zu schlafen, ... Aber ihre Tätigkeiten, ihr Leben – all das passierte draußen im Freien. Und vielleicht sind die Weißen unter diesem Gesichtspunkt mehr als unter jedem anderen das genaue Gegenteil von den Indianern. Weiße scheinen sich vom Freien bedroht zu fühlen, sind offenbar im Krieg mit der Wildnis." „Alles ist hineinverlegt: das ist der Kernpunkt des weißen Wohnungswesens. Zum Teufel, die sind ja nicht einmal gerne draußen, wenn sie draußen sind! Wenn sie reisen, klettern sie in dieses hermetisch abgeriegelte kleine Haus mit Rädern dran und überall Glas drumherum, und darin reisen sie. Sie sind nicht draußen ... Sie müssen alles mitnehmen. Diese Zuflucht muß mit ihnen wie der Panzer einer Schildkröte." (Frei wie ein Baum, 185 und 186)

Die Entgegensetzung von Innen und Außen kann mit dem Spannungsverhältnis von *Licht und Dunkelheit* verknüpft sein. Zwar gibt es auch im Drinnen selbst die Unterscheidung von dunklen Winkeln und hellen Räumen, aber mehr noch trennen die Mauern des Hauses das helle Draußen vom dunkleren Drinnen. Durch die Fenster dringt das Licht herein und bleibt doch zugleich draußen, das Licht der Landschaft oder die Helligkeit der Straße. Auf der anderen Seite gibt es die Umkehrung dieses Verhältnisses am Abend, wenn die Lampen die Zimmer erhellen und die Ecken ausleuchten und sich in den schwarzen Fenstern spiegeln, während draußen die dunkle Nacht ist; am Abend scheinen Innen und Außen fast durch Licht und Dunkelheit definierbar. Daß das Licht hinausscheint, sieht man von innen kaum (deutlicher nur, wenn draußen Schnee liegt), der Schein dringt, von drinnen gesehen, nicht weit hinaus.

Eine weitere räumliche Gerichtetheit der Einbezogenheit des Hauses in die Räumlichkeit des irdischen Daseins liegt in der Differenz von *oben und unten.* Dazu gehört einerseits das Verhältnis zum Fundament oder Boden, auf dem das Haus steht, und zum Himmel, der sich über ihm wölbt und ihm z.B. die Tages- und Jahreszeiten schickt; andererseits seine innere Differenzierung nach oben und unten, die die Stockwerke und die Treppen bestimmt und die Differenz zwischen Keller und Dach: Ähnlich wie bei der Schwelle und beim Türschloß konstatiert Bachelard hier eine emotionale Ungleichgewichtung: „Die Treppe, die zum Keller führt, steigt man immer *hinab.* Ihr Hinabführen behält man in der Erinnerung, der Abstieg kennzeichnet ihren Traumwert." Und: „Schließlich die steilere, strengere Treppe zum Dachboden steigt man immer *aufwärts.* Sie steht unter dem Zeichen des Aufstiegs zur stillsten Einsamkeit." (Poetik des Raumes, 58f.)

Er nennt das Haus geradezu ein „vertikales Wesen": „Die Vertikalrichtung ist gesichert durch die Polarität von Keller und Dachboden. Die Merkmale dieser Polarität sind so einschneidend, daß sie gewissermaßen zwei sehr verschiedene Achsen für eine Phänomenologie der Einbildungskraft bilden. Fast kommentarlos läßt sich die Rationalität des Daches der Irrationalität des Kellers entgegensetzen. ... Wenn es sich um das Dach handelt, sind alle Gedanken klar. Im Dachboden sieht man mit Vergnügen das starre Gerippe des Balkenwerks bloßgelegt. Man hat teil an der soliden Geometrie des Zimmermanns. / Und der Keller? Gewiß wird man ihn nützlich finden. Man wird ihn rationalisieren, indem man seine Bequemlichkeiten aufzählt. Zuerst ist er jedoch das dunkle Wesen des Hauses, das Wesen, das an den unterirdischen Mächten teilhat. Wenn man dort ins Träumen gerät, kommt man in Kontakt mit der Irrationalität der Tiefen." (a.a.O., 50)

Marie Luise Kaschnitz beschreibt in einer Erzählung, in der sie die Imagination und Wiederaneignung der eigenen Kindheit in der Gestalt der Begegnung mit einem Haus aufzeichnet, dieses „Haus der Kindheit" einmal so: „Manchmal kommt mir das Haus der Kindheit vor wie ein Bergwerk, in dem ich immer tiefer hinabsteige, dem Herzen der Erde zu. Im Schoß der Erde gibt es schaurige Höhlen und ausweglose Stollen, in denen schlagende Wetter drohen, aber es gibt auch Gold- und Silberadern, Edelsteine und Halbedelsteine, wie ich sie mir dort unten vorstelle, nämlich bereits geschliffen und von strahlendem Glanz. Oft ist mir zumute, als ob ich, tiefer und tiefer hinabsinkend, den Erdkern erreiche, eine Kammer strahlenden Lichts."(63)

Wie die Unterschiede von innen und außen und von hell und dunkel ist also auch die Gerichtetheit des Wohnens nach oben und unten stimmungs- und wertbeladen. Die von Bachelard genannte Teilhabe des unteren Bereichs an „unterirdischen Mächten" erinnert an archaische Bezüge zum Raum des Wohnens. Der dämonische Bereich des Unten ist der Bereich der der Erde zugehörigen, zumeist dunklen, unheimlichen Götter – und vor allem Göttinnen. So hatten in Kambodscha die Pfahlbauten zwar einerseits den realen Sinn, das menschliche Wohnen vor Tieren und vor dem Wasser zu schützen, aber sie sollten andererseits auch verhindern, daß die Bewohner in direkte Berührung mit der Erde und ihren Geistern kämen. Kein Zweig darf das Dach, keine Wurzel den Boden des Hauses berühren.

2) Raum des „Diesseits" und Raum des „Jenseits"

Zum Wohnen gehört gewöhnlich, wie wir sahen, ein Raum des Innen, das sich gegenüber einem Außen abgrenzt. Jener Innenraum ist aber zugleich auch offen auf ein Anderes hin. Wohnen heißt zwar jeweils Wohnen an einem Ort, hier und jetzt. Aber dieses

Hier und Jetzt ist, zumeist unbemerkt, zugleich auf das Offensein einer anderen Dimension bezogen, der Raum weitet sich, es erschließen sich Perspektiven, zeigen sich Ausblicke, die dem Hier ein andersartiges Dort, dem Jetzt ein vielschichtiges Früher und Später, ein zwiefältiges Einst an die Seite stellen, ohne den Wohn-Raum des Hier und Jetzt deswegen zu negieren.

Dieses Offenstehen und diese Ausweitung betreffen nicht den gewohnten Raum und die gewohnte Zeit, sie gehen in eine andere Richtung, das „Andere" meint jetzt ein qualitativ Anderes. Sowohl bei den ausgezeichneten Orten wie bei den ausgezeichneten Richtungen leuchtete an einigen Stellen etwas auf, was wir im Unterschied zum Alltäglichen das Besondere, zum Hiesigen das Dortige, zum Sterblichen das Unsterbliche, zum Profanen das Heilige nennen können. So sprach etwa Vine Deloria von den „heiligen Plätzen", und im „Haus der Kindheit" war mit der „Kammer strahlenden Lichts" keine real auf dieser Erde vorfindbare Kammer gemeint.

Doch was heißt da „real vorfindbar" bzw. „nicht real vorfindbar"? In einer solchen Formulierung liegt die Gefahr einer Einengung und – im wörtlichen Sinne – Festlegung, die jener Offenheit gerade zuwiderlaufen würden. Es gilt vielmehr, die Erfahrung der Wohnenden über die nächste Dimension des Hier und Jetzt nicht nur in die Horizontale von anderen Räumen und Zeiten, sondern auch in die Vertikale eines „jenseitig" Anderen hin offenzuhalten, um die Dimension einer anderen Realität bzw. anderer Realitäten *in dieser Erfahrung selbst* zu ermöglichen bzw. anzuerkennen. Die Heiligkeit gewisser Plätze und Daten, die Gunst oder Ungunst einer Stunde, das Zuträgliche oder Schädliche von Dingen, Atmosphären und Konstellationen reicht als ein Anderes in das Gewohnte und Alltägliche hinein und bestimmt es mit, – ob das nun ausdrücklich erfahren wird oder nicht.

Insofern ist die Rede von Diesseits und Jenseits mißverständlich und nur unter dem Vorbehalt einer Klärung möglich, die sie zugleich auch wieder zurücknimmt. Diesseits und Jenseits sprechen von der einen und der anderen, dieser und jener Seite und evozieren damit die Vorstellung von zwei unterschiedlichen Räumen, die durch eine Grenze voneinander getrennt wären. Nehmen wir das jedoch auf andere Weise wörtlich – diese *und* jene Seite –, so verweisen sie auf ein Ganzes, das so und so betrachtet, so und so gewendet werden kann. Diesseits und Jenseits sind dann im Sinne eines Einerseits und Andererseits zu verstehen, zweier Hinsichten oder Ansichten, die zwar ums Ganze – nämlich in einer Wendung des Ganzen – verschieden, gleichwohl aber doch Seiten oder Ansichten eines Selben sind. Dieses Selbe ist die eine Welt, in der wir leben, die Welt *zwischen* Hier und Dort, Jetzt und Dann, Sinnlichem und Unsinnlichem, Alltäglichem und Erstaunlichem, – wobei das Zwischen sowohl beide mit umfaßt und einbehält, wie es „dazwischen" ist.

Unterschiedliche Kulturen und Religionen haben sehr unterschiedliche Vorstellungen und Phantasien darüber, wie „Jenseitiges" in unsere Welt hineinspielt und sie mit ausmacht. In der abendländischen Tradition wurde das „Jenseitige" weitgehend aus der alltäglichen Erfahrung unserer Welt ausgeschlossen, indem es als eine andere, eigene Welt begriffen und der alltäglichen Welt gegenübergestellt wurde. Das Zwischen wurde in eine Opposition auseinandergetrieben. Dies geschah in einem allmählichen, keineswegs eindeutigen Prozeß, in dem einerseits Wahrheit, Grundhaftigkeit und Allgemeinheit, andererseits Allwissenheit, Allmacht und Unsterblichkeit als Kennzeichen des Jenseitigen bzw. einer jenseitigen Welt installiert wurden.

Um nur diese beiden, einander in manchem entgegengesetzten Auffassungen aus unserer Überlieferung anzuführen: Die griechischen Götter wohnten auf dem „schluchtenreichen Olymp" (Hesiod, Theogonie, V. 103), in Flüssen und Grotten und wanderten weit in der Welt umher. Sie hatten sinnliche Gestalt, sie aßen und tranken, wenn auch nicht um sich zu ernähren, sondern um sinnlich zu genießen, und sie liebten auf sehr sinnliche Weise. In unzähligen Darstellungen wurden sie dem sterblichen Auge sichtbar gemacht, dem sie allerdings auch, in ihrer eigenen oder in einer fremden Gestalt, leibhaft begegnen konnten.

Der in gewisser Weise unsinnliche alttestamentarische Gott dagegen, der in keinem Bild und keiner Statue verehrt werden durfte, hatte auch keinen Ort, an dem er wohnte, auch wenn er zuweilen in sichtbaren Gestalten zu einzelnen Menschen sprach, aus dem brennenden Dornbusch etwa oder aus der Wolke. Er konnte zwar sprechen, zürnen, sich wieder erbarmen, seine Pläne mit den Menschen und seine Anweisungen an sie waren entschieden und konsequent; aber seine Realität hatte doch etwas von großer Ferne, er teilte nicht die Welt der Menschen, er wohnte, trotz – oder auch gerade wegen – seiner Allgegenwart, nicht auf der Erde. Für die Zeit seiner Menschwerdung konnte und mußte er darum im Neuen Bund seine Göttlichkeit verlieren, bis hin zum Durchleiden der äußersten, verzweifelten Gottesferne.

Doch ich meine nicht nur Götter und Göttliches, wenn ich den Bezug des Wohnens und Wanderns zu *unterschiedlichen Wirklichkeiten* betone. Was wir ahnen und erinnern und fühlen, woran wir glauben und wovor wir uns fürchten, was uns beflügelt und was uns niederdrückt – das ist jeweils solches, von dessen Bestehen und Wirken wir zwar überzeugt sind – eben weil wir es *erfahren* –, auf das wir gleichwohl nicht mit unseren Fingern zu zeigen, das wir nicht in die Hand zu nehmen, dessen Existenz wir nicht zu beweisen vermögen. Wo für den Erhalt einer ethnischen Identität gestorben, wo das Handeln durch Schuld- oder Rache-, durch Ehrfurchts- oder Dankbarkeitsgefühle geleitet wird, wo sich Liebe oder Haß als „stärker denn alle Vernunft" erweisen, da setzt sich die Evidenz von solchem durch, was hier mit dem Wort „Jenseitiges" bezeichnet sein soll.

Die Erde umfaßt beides: das Sichtbare und Sagbare und das Unsichtbare und Unsagbare. Das In-der-Welt-sein als ein Wohnen und Wandern auf der Erde und unter dem Himmel umgreift *alle* Dimensionen des irdischen Seins und Lebens, also auch die, die wir eher ahnen als wissen können, und die uns in der Erfahrung eines ganz Anderen nahekommen oder überfallen. *Jedes* Andere aber ist *ganz Anderes*; mit dieser Rede von der Erfahrung eines ganz Anderen soll nicht ein unüberbrückbarer Graben zwischen den beiden Seiten aufgerissen oder offengehalten werden. Die Andersheit des Anderen besteht nicht lediglich relativ auf die Eigenart des jeweils Einen. Das Eine wie das Andere sind Andere, insofern dem Irdischen als solchem ein Moment der Erstaunlichkeit, Befremdlichkeit und Fremdheit, also des Andersseins zukommt. Es zeigt sich etwa in der Nichthaftigkeit des Todes oder des Schmerzes, in der Erstaunlichkeit, im Glück. Auch das sogenannte Überirdische, das Geheimnisvolle und unser alltägliches Verstehen und Fühlen Übersteigende ist irdisch in dem Sinne, daß es der Erde zugehört. Daß wir es zugleich das „Himmlische" nennen können, ändert daran nichts.

Die Bezüge zwischen dem Haus und der Dimension des „Jenseitigen" sind erstaunlich vielgestaltig. Zunächst kommen einem frühere Zeiten oder fremde Kulturen in den Sinn, wenn man nach der Zwiefalt von Diesseitigkeit und Jenseitigkeit, Sterblichkeit und Unsterblichkeit in unserem Wohnen fragt. Wo bei uns heute noch Spuren und Elemente bestimmter alter Gewißheiten von „Jenseitigem" zu finden sind, da bezeichnet man sie oftmals als Aberglauben – die Anbringung eines Hufeisens über der Tür, die geschnitzten Pferdeköpfe auf den Dächern niedersächsischer oder friesischer Bauernhäuser, die Segnung der Tür des Hauses zu Jahresbeginn mit den Kreidezeichen der Heiligen drei Könige, CMB.

Eliade weist darauf hin, daß „in allen traditionsgebundenen Kulturen die Behausung einen sakralen Aspekt hat"; „die Wohnung ist immer geheiligt, denn sie ist ein Abbild der Welt, und die Welt ist eine göttliche Schöpfung." (Das Heilige und das Profane. Vom Wesen des Religiösen, 32 und 31) Das Wohnen im Haus bedeutet zugleich ein Wohnen im Sinnlichen wie im Unsinnlichen, so daß es zwischen beiden zu vermitteln vermag. Und vielleicht wird dem Haus diese Mittlerstellung darum zugesprochen, weil es selbst eine Zwischen-Stellung zwischen dem Kosmos, dem *Haus der Welt*, und dem menschlichen Körper, dem *Haus der Seele* innehat. Schon früher sahen wir einen Bezug zwischen Wohnen und Leib, das als ein Haus des Menschen bzw. seiner Seele angesehen werden kann. Bollnow schreibt: „Der Begriff des Wohnens wird sodann aber auch benutzt, um das Verhältnis der Seele zu ihrem Leib zu bezeichnen. 'Die Seele bewohnt den Leib' [L'œil et l'esprit, 200], das ist bei Merleau-Ponty eine gern gebrauchte Wendung. Er meint damit das enge Verhältnis der 'Inkarnation' der Seele in einem räumlichen Gebilde. Wenn dies Verhältnis als Wohnen bezeichnet wird, so ist es allerdings ein Wohnen besonderer Art, denn die Seele kann diese 'Wohnung' im Leib nicht verlassen, wie der Mensch sein Haus verlassen kann, sie kann nicht 'ausziehen', ohne überhaupt aus dem Leben zu scheiden. Daher wird man diese sprachliche 'Gleichung' eher in der umgekehrten Richtung lesen müssen: daß das Verhältnis des Menschen zu seinem Haus in der Innigkeit seines Verhältnisses zu seinem Leib begriffen wird. Auch das Wohnen in einem Haus ist eine Art von Inkarnation." (Mensch und Raum, 279)

Handelt es sich bei der Parallelisierung des Wohnens im Leib, im Haus und in der Welt lediglich um eine Übertragung des Bildes des Hauses auf die Welt und den Leib, also um eine metaphorische Erweiterung des Begriffs des Wohnens vom Haus auf die Welt und in umgekehrter Richtung auf den menschlichen Leib? Oder hat nicht vielmehr in der Tat im Wohnen als solchem eine Kommunikation des Menschen mit seinem Wohn-Raum, dem Haus, statt, derart daß sich im Haus die Welt bergend um den Menschen und seine Lebensbedürfnisse schließt, – sei es als Welt selbst, als Leib oder als Wohnstatt im engeren Sinne?

In „Das Heilige und das Profane" wird die Zusammengehörigkeit von Welt, Haus und Leib in verschiedenen Hinsichten verdeutlicht. Das Haus ist „zugleich imago mundi und Wiederholung des menschlichen Körpers". „Man 'bewohnt' den Körper, wie man ein Haus bewohnt oder den Kosmos, den man sich selber geschaffen hat." „Bewohntes Gebiet, Tempel, Haus, Körper – jedes davon ist ein Kosmos. Doch jeder von ihnen hat auf seine Weise eine 'Öffnung', deren Bedeutung in den verschiedenen Kulturen variiert. ... Auf die eine oder andere Weise steht der Kosmos, den man bewohnt – Körper, Haus, Stammesgebiet, diese Welt in ihrer Totalität – nach oben mit einer anderen, jenseitigen Ebene in Verbindung." (103 u. 105)

Immer ist bei der gegenseitigen Verwiesenheit von Haus, Leib und Welt das Jenseitige mit im Spiel. Die immanente Doppeldeutigkeit des diesseitig-jenseitigen In-der-Welt-seins zeigt sich in dem Verweis nach „oben", z. B. in bestimmten Elementen des Hauses, die der Verbindung mit übersinnlichen Mächten dient, wie dem Mittelpfahl, der so etwas wie „eine symbolische axis mundi" darstellt. (31) Aber sie bedeutet auch eine zeitliche Jenseitigkeit. Z. B. wurden an vielen Orten Urnen in der Form kleiner Häuser gebildet, in denen die Seelen aus- und eingingen. (105) Und das „Buch der Hopi" berichtet über die Kiva, die indianische Zeremonien-Höhle: „Das sipapuni, das kleine Loch im Boden, bedeutet den Schoß, den Platz des Auftauchens aus der vorhergehenden Welt; und die Leiter, die durch das Dach hinausführt zu einem anderen Auftauchen in die folgende Welt ist die Nabelschnur." (Waters, Book of the Hopi, 24)

Doch auch abgesehen von der Parallelisierung von Leib, Haus und Welt finden sich in der Erfahrung der Menschen immer wieder Hinweise auf einen Bezug des Wohnens zu einem Jenseitigen, Übersinnlichen. Eliade vermutet, daß „die Verteidigungsanlagen der Wohnsitze und Städte ursprünglich magische Zwecke [hatten], denn diese Anlagen – Gräben, Labyrinthe, Wälle – scheinen eher zur Abwehr von Dämonen und Seelen Verstorbener angelegt als gegen menschliche Angreifer." (30) Man wird sich hier auch daran erinnern, daß oftmals – wie es z.B. Storm im „Schimmelreiter" schildert – der Volksglaube davon überzeugt war, daß zur Besänftigung der Erdgeister beim Beginn oder bei der Fertigstellung eines wichtigen Baues etwas Lebendiges geopfert werden müßte, ein Menschenopfer – ein kleines Kind, die Frau des Baumeisters – oder ein Tier.

Auch die Tatsache, daß es innerhalb des Hauses besondere Stellen gibt, die an ihnen selbst heilig sind und für die es teilweise eigene Götter gibt, bezeugt die zuvor genannte Doppel-deutigkeit des Wohnens. Solche Stellen sind insbesondere die Öffnungen (Tür, Fenster), die Übergänge (Schwelle – Herakles konnte tagelang nicht geboren werden, weil die Geburtsgöttin auf der Schwelle saß und die Geburt verhinderte –, Rauchloch bzw. Dachöffnung, Leiter), das Dach (Dachaufsätze, Giebelschmuck, Dach-Innenraum), die Stützpfosten (Hauptpfosten, Mittelpfosten) und die Feuerstelle (Herd, Rauchloch). Oftmals hat das Haus eine geweihte Ecke, einen Hausaltar für die Heiligenbilder, die Ahnenstatuen oder den Ahnenschrein.

Häufig steht der Lebensbereich des Wohnens in besonderer Weise unter göttlichem Schutz, z.B. bei den Griechen, wo das Haus vor allem die Domäne der Hestia, der Göttin des häuslichen Herdes war. Gott der Wanderer – der Wege, Umwege und Auswege – war dagegen Hermes, in besonderer Weise selbst ein Wanderer, der den Sterblichen unsterbliche Botschaften überbrachte. Die Hermen an den das Land durchquerenden Wegen und neben den Türen und auf Gräbern waren Zeichen und Ausdruck einer nicht nur sinnlichen Dimension des sinnlichen Wanderns über die Erde, sie gemahnten an alte Mysterienkulte und an den Tod.

3) Wohnungen der Toten und Wohnungen der Götter

Die Menschen wohnen nicht nur im Haus, in der Stadt, der Landschaft, sie wohnen in der Welt. Die Welt ist das Haus, das die Sterblichen bewohnen. Die Weite dieses Hauses ist auch die Weite zwischen Geburt und Tod, – nicht im Sinne einer Strecke zwischen zwei begrenzenden Enden, sondern als ein weiter Raum, der zwar einerseits seine Fülle und Weite von seinen Enden her hat, der diese aber zugleich erst aus sich her sein läßt. Es ist der Raum der Sterblichen, zu dem – irgendwie – auch die Gestorbenen gehören. Die Welt ist das Haus für die Lebenden und für die Toten. Die Sterblichen, die, die sterben werden, wohnen und wandern auf der Erde; die Gestorbenen werden in die Erde gelegt, be-erdigt, werden zu Erde. Besonders lebendig ist dieses „earth to earth, ashes to ashes" im Bewußtsein der nordamerikanischen Indianer. Bei ihnen sind die Gestorbenen dadurch nicht nur in der Erinnerung oder in einer „geistigen" Art von Anwesenheit, sondern leiblich und sinnlich präsent, daß ihre Gebeine oder ihre Asche wieder zu Erde werden. Die Erde, auf der sie leben, ist ihnen vermischt mit den

Gestorbenen früherer Zeiten, – toten Pflanzen, toten Tieren, toten Menschen, – weswegen die Vertreibung von dieser Erde eine Vertreibung nicht nur von ihrer Mutter Erde, sondern auch von der Gemeinschaft mit ihren Toten bedeutet.

Die Sterblichen teilen aber das Haus, das die Welt ist, nicht nur mit den Gestorbenen, sie teilen es auch mit den Unsterblichen. Auch für sie errichten sie Wohnungen, um sie in den Bereich des eigenen Wohnens hereinzuholen. Sowohl den unsterblichen Toten wie den unsterblichen Göttern bauen und bauten die Sterblichen Wohnungen, als handle es sich um ihresgleichen, die eines eigenen Ortes auf der Erde bedürften. Die Wohnung ist so etwas wie die räumliche Verankerung des leibhaften menschlichen Lebens; darum ist es erstaunlich, daß die größten, dauerhaftesten und schönsten Wohnungen oftmals für die Unsterblichen und die Toten ausgeführt wurden. Es gab und gibt unglaublich dimensionierte Tempel, wie z.B. den Zeustempel in Agrigent oder auch St.Peter in Rom, die nicht mehr an menschliche Wohnungen erinnern. Ähnlich auch die Tempelanlagen der alten Ägypter oder der Maya, aber auch bestimmte Begräbnisanlagen, mit den Pyramiden als herausragendstem Beispiel. Sie alle gehen zwar aus von menschlichen Wohnformen, steigern sie aber ins Überdimensionierte. Wunderlich glaubte beweisen zu können, daß es sich bei den Palästen in Knossos auf Kreta nicht, wie man sonst annimmt, um Königspaläste, sondern um riesige Wohnungen für die Toten handelte, was er u.a. daraus folgerte, daß sie keine Spuren der Abnützung durch alltägliches menschliches Wohnen zeigen (Wohin der Stier Europa trug).

Wenn jedoch die Funktion des Hauses für den Menschen darin besteht, einen Schutz gegen die Unbilden der Natur und gegen Zudringlichkeiten von Menschen zu gewähren und einen Ort des Hingehörens und Sich-heimisch-fühlens zu schaffen, dann stellt sich die Frage, ob denn die jenseitigen Wesen der Religionen und der Märchen und diejenigen, die alle Leiblichkeit hinter sich gelassen haben, überhaupt „wohnungsbedürftig" sind und sein können. Doch scheint das Wohnen so unabdingbar zum Dasein der Menschen zu gehören, daß sie es auch denjenigen, die himmelweit von ihnen unterschieden sind, nicht absprechen wollen.

Ein besonders schönes Beispiel für das Haus eines Gottes war der Tempel des Appollon Epikureios „in den Waldschluchten", in Bassai in Arkadien, der in unglaublicher Einsamkeit über die heute kahlen grauen Berge hinblickte, an klaren Tagen bis zum Meer. Als Modelle für die Gotteshäuser dienten zum einen die reichsten und größten Häuser von Menschen, die Paläste von Königen. So sind z.B. in der sogenannten „Verbotenen Stadt" in Peking die Wohnhäuser der Kaiserfamilie und die kaiserlichen Repräsentationsbauten von außen kaum von den Sakralbauten zu unterscheiden. Zum anderen weisen die kleinen Votivhäuser, wie sie z.B. im Akropolis-Museum aufbewahrt werden, daraufhin, daß ursprünglich auch das einfache Haus das Modell für die Tempelform abgab.

Die Götter sind jedoch nicht nur in den ihnen von den Menschen errichteten Wohnungen anwesend, sondern sie wohnen vielfach schon von sich aus in Palästen, die sich von den Wohnungen der gewöhnlichen Sterblichen an Großartigkeit so weit unterscheiden, wie das unsterbliche Leben von dem der Sterblichen unterschieden ist. In Kirchenliedern ist von den „himmlischen Wohnungen" die Rede. Bei den Griechen sind die Wohnungen der Götter auf der Erde, oft auf den Bergen oder an sonst weithin sichtbaren, heiligen Plätzen. Erst die monotheistischen Religionen haben ihren Gott in das unsinnlichere Element des Himmels versetzt. Wenn Halbgötter von Zeus zur höchsten Auszeichnung als Sternbilder an den Himmel versetzt werden konnten, so war dieser nichts Unsinnliches, Jenseitiges. Die Berge sind auch die Orte, wo die ausgezeichnetsten Menschen dem Gott nahekamen, Moses, die Propheten – die „prophetes Elias" genannten Berge in Griechenland sind kaum zu zählen –, Mohammed. Christus wurde auf einem Berg vom Teufel in Versuchung geführt, und auf einem Berg zeigte er sich seinen engsten Vertrauten in einer solchen Herrlichkeit, daß Petrus dort „drei Hütten machen" wollte: „dir eine, Mose eine, Elia eine" (z.B. Markus-Evangelium 9,5).

Zu göttlichen Wesen zu gelangen, heißt oftmals, sie in ihren Wohnungen, Schlössern und Palästen aufzusuchen; Odysseus war bei Kalypso und bei Kirke zuhause, Tannhäuser lebte bei Venus in ihrem Berg. In vielen Märchen erreichen das arme Mädchen oder der jüngste Königssohn oder wer auch immer das Zauberschloß von irgendwelchen übermenschlichen Wesen, jenseits des Meeres, auf dem Grunde der See, in den Lüften, in den Tiefen der Berge. Es besteht aus Glas, aus Muscheln, aus Edelsteinen oder aus anderen kostbaren Materialien, – aber es ist doch immer am Modell der irdischen Behausungen, genauer der Wohnungen der Reichsten und Mächtigsten auf der Erde konzipiert.

Die Stätten und Häuser, die die Menschen für ihre Toten gebaut haben, und die Ruinen der Gottes-Häuser sind oftmals das einzige oder das am meisten Sichtbare, was von ihnen über Jahrtausende

hin übrig geblieben ist. Über die ganze Erde verstreut finden wir
wie die Zeugnisse der Wohnungen der unsterblichen Götter so auch
die Wohnungen der gestorbenen und auf ihre Weise nun ebenfalls
unsterblichen Toten, – beide in der Regel mit größerer Sorgfalt,
Mühe und Kostbarkeit ausgestattet und mehr auf Dauer ausgerich-
tet als die eigenen Wohnungen der Sterblichen. Reiche und prunk-
volle Grabkammern und -paläste haben für eine ganz erstaunliche
Unvergänglichkeit vergangener Menschen gesorgt, die Sarkopha-
ge der Etrusker, die Grabmäler und Grabhäuser fast überall auf
der Welt, Pyramiden, Totenpaläste, Hügelgräber, die Hunderte und
Tausende von Jahren alt sind, älter als die ältesten Überreste von
gewöhnlichen Wohnstätten. In Kulturen, die teilweise untereinander in keiner Beziehung standen, haben sich die Mächtigen der
großen Reiche in Afrika, Ostasien, Europa sowie in Mittel- und
Südamerika durch monumentale Todeshäuser, meist voller Gold
und Schmuck und anderer kostbarer Dinge, eine gewisse Unster-
lichkeit zu geben versucht, Wohnpaläste zum Teil, von denen heute, wie angedeutet, nur mit Schwierigkeit zu sagen ist, ob sie dem
Leben oder dem Tod zu dienen bestimmt waren.

Die bunte Lebensfreude, voll von Erotik und Bewegung, die die
Bilder an den Wänden in Knossos und Santorin zum Ausdruck
brachten, weist eine merkwürdige, fast erschreckende Verwandtschaft mit den lebensvollen Malereien in den etruskischen Toten-
kammern in der Gegend von Tarquinia auf oder auch mit den Aus-
malungen des griechischen Grabes oder der lukanischen Grabkammern in Paestum. Es ist bemerkenswert, welche Lebensfülle oft die
bildhaften Ausschmückungen der Wohnungen der Toten überall
auf der Welt auszeichnet, – Wohnungen, die doch, ebenso wie die
der Götter, nicht Orte des Hingehörens und der Vertrautheit sind.

IV. Die Wanderer

1) Pilger zum Jenseits und Wanderer im Diesseits

Dann ist die Welt das Haus, das die Sterblichen bewohnen." Um diesen Satz in Bezug auf das Wohnen nachzuvollziehen, bedarf es eines ausdrücklichen, entschränkenden Schrittes vom bewohnten Haus über die Straße und die polis hin zur Welt. Beim Wandern braucht es keinen solchen in die Welt führenden Schritt. Das Wandern ist immer schon „draußen", in einem Raum zwischen Himmel und Erde, in der Welt. In Entprechung zu dem angeführten Satz von Heidegger könnte man für das Wandern formulieren: Dann ist die Welt der Raum, den die Sterblichen durchwandern. Aber dieser Bezug zur Welt ist beim Wandern noch unmittelbarer gegeben, das Wandern gehört schon als solches dem welthaften Raum an. Darum ist es auch an ihm selbst, wenn und weil es ein Wandern durch das Haus der Welt ist, ein wohnendes Wandern.

In diesem Abschnitt werde ich der Bedeutung des Wanderns in der Weise nachgehen, daß ich zwei unterschiedliche, einander ziemlich fremde Einstellungen nachzeichne, die jeweils das Leben als Unterwegssein und als Wanderung durch den Raum und die Zeit begreifen. Einmal wird das Gehen des Weges als ein Wandern *durch die Welt* erfahren, das andere Mal als ein Wandern *zwischen den Welten* bzw. von der einen zur anderen, von einem Hier zu einem Dort. Jeweils erscheint das Leben als eine Wanderung. Dabei kann diese einmal ein Ausdruck von Freiheit sein, von Beweglichkeit und Unabhängigkeit im Hiersein; dieses Hiersein umfaßt zuweilen, wie etwa in indianischen Weltbildern, eine sehr viel weitere „Welt" als die irdische, eine Welt, in der das „Jenseitige" in das „Hiesige" integriert ist, es durchzieht und mitbestimmt. Auf der anderen Seite kann das Wandern den Fluch des menschlichen Unheimischseins, eines unendlich aufgegebenen Unterwegsbleibens an sich tragen. Die letztere Einschätzung ist, zumindest was die ausdrücklichen Ideen und Ideologien angeht, in unserer, aber nicht nur in unserer Tradition weitaus verbreiteter als die erstere.

Ist das Wandern der Sinn oder auch nur die Faktizität des In-der-Welt-seins – oder ist es ein Fluch? Doch auch, wenn es als Fluch und als Signum verhängnisvoller Endlichkeit begriffen wird, kann das noch Unterschiedliches heißen: das Wandern kann als ein Weg des Übergangs erscheinen, der den Sterblichen aufgegeben und von ihnen zu verantworten ist, oder auch als ein planloses, blindes Herumirren. Im Folgenden geht es zunächst um diese letztere Möglichkeit, die – zumindest aus der Sicht der Philosophen – oftmals als kennzeichnend für das Verhalten der einsichtslos durchs Leben tappenden Menge angesehen wurde. Schon die von Parmenides so genannten „doppelköpfigen" Sterblichen, die Sein und Nichtsein scheiden und nicht scheiden, irren blind und taub umher. (frg. 6) Und ähnlich stellt Platon in der Politeia dem zum Königtum berufenen Philosophen die Menge derer gegenüber, die, in vielerlei Hinsicht und überall sich täuschend, herumirren. (Politeia 484b)

Mehr oder weniger ausgeprägt geht diese Auffassung von der Grundvoraussetzung aus, daß dem sterblichen Menschen ein Angekommen- und Zuhausesein grundsätzlich versagt ist, daß unterwegs und immer unterwegs zu sein sein unaufhebbares Schicksal darstellt. Zumindest implizit bedeutet dieses Unterwegssein einen entschiedenen Einspruch gegen alles Bleibende, Unveränderliche, Unbewegte – und damit auch Jenseitige –, das das Sehnen und Suchen des abendländischen Menschen so tiefgreifend bestimmt hat. Sein irdisch-sterbliches Sein wird darum oftmals als ein Herumirren, somit als das Erleiden einer Weglosigkeit verstanden, bestenfalls als Weg eines unaufhörlichen Suchens.

Als explizites Selbstverständnis kommt dieser „nihilistische" Ansatz nicht häufig in reiner Form vor, weil ihm gewöhnlich doch das Ziel einer anderen Welt gegenübergestellt wird. Der Prediger Salomo sagt zwar, daß „alles eitel ist", und er zeichnet mit existentieller Emphase die verschiedensten Hinsichten der grundsätzlichen Vergeblichkeit menschlichen Tuns auf, aber er tut dies doch zugleich aus dem Vorblick auf einen letzten und höchsten und schließlich alles umfassenden Sinn. Oder wenn Mathias Claudius schreibt: „Wir armen Menschenkinder sind eitel arme Sünder und wissen gar nicht viel. Wir spinnen Luftgespinste und treiben viele Künste und kommen weiter von dem Ziel", so ist damit eben doch noch ein Ziel angesprochen. Und wie weit die resignative „Ehrlichkeit" des Songs aus der Dreigroschenoper geht – „Ja, mach nur einen Plan / Sei nur ein großes Licht! / Und mach dann noch 'nen zweiten Plan / Gehn tun sie beide nicht", kann dahingestellt bleiben.

Oftmals liegt in diesem Verständnis des Wanderns als Fluch implizit schon ein anderes, dem gerade genannten in gewissem Sinne entgegengesetztes: es wird dann als ein „Kreuz" verstanden, dem –

abendländisch-metaphysisch – als Ziel und Lohn eine ewige Heimat winkt. Die Konzeption der Dualität der Welten bzw. die Einsicht in die Hinfälligkeit und Vergeblichkeit der gegenwärtigen Welt der Sinnlichkeit und des Leidens führt hier dazu, daß man dem Zwang zum sterblichen Wandern durch die Welt der Sterblichen mit der Haltung einer duldenden Unterwerfung begegnet. Dem Jammertal der hiesigen steht eine jenseitige, paradiesische Welt entgegen, so daß die Frommen zum itinerarium mentis in Deum aufgerufen sind, dazu, sich als „cherubinischer Wandersmann", als „Wanderer zwischen zwei Welten", der „hier" keine „bleibende Statt" hat, zu begreifen. Gibt es ein wahres, ewiges Reich, das „nicht von dieser Welt" ist, so sind die Menschen – wie Wanderprediger und Bettelmönche, die ruhelos durchs Land ziehen – ständig auf dem Weg durch diese Welt des Leidens und der Endlichkeit, auf einem Weg, der sich irgendwann einmal überführen und überhöhen wird in „jene Welt" der ewigen Seligkeit, die das letzte aufgegebene Ziel ist. Sowohl die christliche wie etwa auch bestimmte buddhistische Welteinstellungen zeigen diesen Zug einer Vorläufigkeit und Übergänglichkeit, auch wenn das Woraufhin der Lebensreise jeweils ganz unterschiedlich gesehen wird.

In diesem Selbst- und Weltverständnis sind Unterwegs- und Zuhausesein einander grundsätzlich entgegengesetzt. Sie können nicht zusammengedacht werden, weil der Mensch mit seinem „besten Teil" einem Reich angehört, das „nicht von dieser Welt" ist. Das Menschsein wird als ein Auf-dem-Wege-sein gedacht, aber dieser Weg ist lediglich die notgedrungen zurückzulegende Strecke zu einem höheren und letzten Ziel hin; die Notwendigkeit, ihn zu begehen, ergibt sich daraus, daß der irdische Raum, durch den er führt, im Grunde als unwirtlich und unbewohnbar gilt. Das irdische Leben ist ein – in vielen Kirchenliedern besungener – „Pilgerstand", ein Unterwegssein auf der Reise nach dem „himmlischen Jerusalem", der eigentlichen Heimat des Christenmenschen.

Auch im Judentum ist das Wandern so etwas wie ein Fluch, der in paradoxer Verkehrung gerade zur Auszeichnung des auserwählten Volkes gehört: der Zug durch die Wüste als Strafe, aber auch als Chance zur Errettung oder Erlösung. „Da mag sich das Volk erinnern, daß auch das Haus des jeweils heutigen Tags ... doch nur ein Zelt ist, das vorübergehende Rast erlaubt auf der langen Wanderung durch die Wüste der Jahrhunderte" (Rosenzweig, Der Stern der Erlösung, 355). Bruce Chatwin sieht die „Pilgerreisen" überhaupt als zeremonielle Nachahmungen, mythische Erinnerungen

an Hirtenwanderungen. Die Juden feiern drei große „Wallfahrts-
feste"; das dritte dieser Feste, das Laubhüttenfest, gedenkt der „Wanderung mit der empfangenen Thora durch die Wüste der Welt".
Das „offenbarungserwählte Volk" „muß aus der verborgenen Zwei-
einsamkeit mit seinem Gott hinaus in die Welt; es muß die Wüsten-
wanderung antreten, deren Ende das lebende Geschlecht, das un-
term Sinai gestanden, nicht mehr erleben wird". (Stern der Erlösung, 351 u. 355) Die mehr als ein Jahrtausend währende Vertreibung des Volkes Israel und ihre Wanderung durch die Länder Eu-
ropas ist ihrerseits Ausdruck jener grundsätzlichen Fremdheit, des
unsteten Herumziehens auf Erden.

Von dieser Grundeinstellung zum Wandern geht Lévinas aus,
wenn er gegen Heidegger vorbringt, dieser habe mit seinen Gedanken über das Wohnen auf der Erde bzw. im Geviert der Welt den
Menschen im Hier verwurzelt und dabei grundsätzlich außer acht
gelassen, daß er keine bleibende Wohnung auf Erden haben kann,
daß die Welt vielmehr eine Wüste sei, die es zeitlebens zu durchwandern gelte. Ich will die Angst oder den Schauder vor dem Zugehören und Hingehören, das Sich-Schuldig-fühlen vor einem
Glücksgefühl des Hierseins, das dieser Auffassung zugrundezuliegen
scheint, hier nicht näher analysieren. (Ebensowenig kann ich hier
auf die Frage eingehen, inwieweit Adornos bekannter Satz „Es gibt
kein wahres Leben im Falschen" – sowie generell der utopische
Zug seiner Bemühung um ein anderes Denken – letztlich ebenfalls
der skizzierten Auffassung eines Nicht-hier-sein-dürfens verpflichtet sind.) Aber Heidegger hat jedenfalls nicht einfach übersehen,
daß der Mensch im Grunde – um es mit Trakls Worten zu sagen –
„ein Fremdes auf Erden" ist. Wo er seinen Weg am weitesten und
am glückendsten gegangen ist, da hat er jene Wüstenflucherfahrung
in der Tat am weitesten und bewußtesten hinter sich gelassen, –
und gleichwohl das Fremdsein aufzubewahren vermocht. Und dies
auch darum, weil er das Wandern im Wohnen festgemacht, bzw.
umgekehrt das Wohnen auf das Wandern bezogen hat.

Der heroischen oder duldenden Übernahme der irdischen Reise
durch die Wüste dieser Welt wie der bloßen Abwertung des Wanderns als eines unsicheren Herumirrens ist gemeinsam, daß das
Wandern über die Erde und unter dem Himmel nicht als eine ursprüngliche menschliche Möglichkeit angesehen wird. „Und ich
sehne mich und ich suche", sagt Hyperion und begibt sich auf die
Wanderung ins ferne Griechenland. Auch die Unruhe, die ihn treibt,
strebt letztlich danach, zur Ruhe zu kommen, Heimat möglich zu

machen. „Unser Herz ist unruhig, bis daß es ruhet in Dir", betet Augustinus zu seinem Gott.

Eine grundsätzlich andere Auffassung des Weges durch die Welt, den wir als Menschen gehen, spricht sich in diesem Satz von Lorca aus: „Wir gehen, um zu gehen; wir gehen nicht, um anzukommen; wir gehen, um zu gehen." (Sobald fünf Jahre vergehen) Auch bei diesem Verständnis gibt es unterschiedliche Einstellungen, die einem jeweilig anderen Verhältnis des Wanderns zum Wohnen entspringen. Während sich das Unterwegssein das eine Mal begrifflich und faktisch einem möglichen Zuhausesein entgegensetzt, versteht es sich das andere Mal umgekehrt selbst als eine Weise, in der Welt zuhause zu sein.

In der zeitgenössischen Philosophie gibt es eine gewisse Tendenz, das Unterwegs- und damit auch das In-Bewegung-sein des Menschen als Charakteristikum unserer Zeit herauszustellen, – bis hin zur Betonung einer grundsätzlichen Heimatlosigkeit. Sloterdijk spricht, kritisch, von der „Mobilmachung" als dem „autogenen Grundprozeß der Moderne" und davon, „daß in der Moderne die Selbstbewegungen der Welt aus unseren Selbstbewegungen hervorgehen, die sich zunehmend zur Weltbewegung addieren" (Eurotaoismus, 52 und 30). Viel extremer stellt Flusser die Hypothese auf, daß „die Neunzigerjahre ... voraussichtlich das Ende der jüngeren Steinzeit" bedeuten, die durch Seßhaftigkeit gekennzeichnet war. Entsprechend denkt er in Richtung einer „Nomadologie der Neunziger", wie der Untertitel des Buches lautet, für das sein Aufsatz „Nomaden" geschrieben ist. „Der Bruch zwischen Seßhaften und Nomaden geht tiefer: für die Nomaden ist das Besitzen von Begriffen ein Wahnsinn, und für die Seßhaften ist das undefinierte Herumschweifen in der Erfahrung ein sinnloses Geschwafel." (Flusser, auf, und, davon. Eine Nomadologie der Neunziger, 13 und 31)

Sowohl für Flusser wie für Sloterdijk geht es nicht so sehr um die empirische Beobachtung, daß die Migrationsbewegungen und überhaupt die Mobilität heute eine ungeahnte Bedeutung erlangt haben und in der Zukunft zunehmend noch erlangen werden, sondern um die Diagnose einer grundsätzlichen Differenz im menschlichen Weltverhalten: das Herumschweifen in der Erfahrung steht gegen das Besitzen von Begriffen. Ganz allgemein können verschiedene Ansätze des Neostrukturalismus und der philosophischen Postmoderne als Denken gegen das Zuhausesein, vor allem gegen das Zuhausesein des Menschen bei sich begriffen werden. Daß „der Mensch im Begriff ist zu verschwinden", wie Foucault sagt (Die

Ordnung der Dinge, 461), heißt, daß er aufhört, einen bestimmbaren Ort im Wissen zu haben, für das Wissen selbst ein bestimmbarer Ort zu sein. Deleuze und Guattari haben ihre Lehre oder These vom Rhizom, die „Rhizomatik" als „Nomadologie" bezeichnet (Deleuze, Guattari, Rhizom, 37). Welsch erläutert: „Hier handelt es sich um Differenzen, die sich nicht mehr – metaphysisch – auf Identisches, sondern nur noch auf andere Differenzen beziehen. Und diese bilden untereinander dezentrierte, bewegliche Netze und nomadische Distributionen. ... das Rhizom, das Wurzelstengelwerk ... knüpft transversale Verbindungen zwischen divergenten Entwicklungslinien. Es ist nicht monadisch, sondern nomadisch" (Welsch, Unsere postmoderne Moderne, 142).

Sloterdijk stellt in „Weltfremdheit" sehr entschieden die Bedeutung der von ihm aus Platons Phaidon aufgegriffenen *metoikesis* heraus, was er mit Gadamer mit „Umsiedlung", aber auch mit „die Umbehausung, die Übersiedlung, die Übersetzung in eine andere Form des Beisichseins" und mit „Großübergang von einem Lebenselement in ein anderes" wiedergibt. Er spricht von einer „Tiefenbeweglichkeit der menschlichen Existenz": „Wer mit Sokrates ‚von hier nach dort' umzieht, ist nicht nur ein Tourist und Pendler, sondern ein Elementwechsler, ein Migrant zwischen verschiedenen Aggregatzuständen oder Dimensionen des Seins." (82f.)

Zweifellos kommen bei Sloterdijk wichtige Momente der Grundbeweglichkeit und Offenheit des menschlichen In-der-Welt-seins zur Sprache; aber mir scheint, daß sie mit einer teils impliziten, teils expliziten grundsätzlichen Verdächtigung des Wohnens, der Seßhaftigkeit und des Zuhauseseins verbunden werden. Mir scheint die Vereinseitigung der Kinetik des modernen Menschseins ebenso verfehlt und in der Wirkung verhängnisvoll zu sein wie das einseitige unbeirrte Festhalten am Besitz im wörtlichen Sinne, an einer geistigen und materiellen Seßhaftigkeit. Hat das Bewohnen des Hauses der Welt, der menschliche Aufenthalt auf der Erde, nicht vielmehr selbst den Charakter eines Weges bzw. des Unterwegsseins auf diesem Weg? In der Welt, dieser unserer irdischen Welt wirklich *zuhause* zu sein, heißt, in ihr auf dem Wege und *unterwegs* zu sein, aber so, daß der Weg nicht lediglich die Strecke zu einem an seinem Ende zu erreichenden Ziel ist, sondern daß es gerade um diesen Weg selbst zu tun ist – um das Gehen, um zu gehen – und um die Landschaft, durch die der Weg führt. Der Raum und die Zeit des Irdischseins sind kein Zwischenstadium auf dem Weg zu einer anderen besseren Welt, weder einer zukünftigen hiesigen noch einer zeitlosen jenseitigen. Wir gehen nicht, um anzukommen, sondern wir gehen, um zu gehen.

Die Unfähigkeit, das Hiersein zu lieben, ist die Unfähigkeit, das Wohnen selbst auf wandernde Weise zu vermögen und zu mögen, das Wandern als ein ständiges, nicht bloß vorübergehendes zu übernehmen, also im Wandern selbst zu wohnen. Einer, der das Gehen, um zu gehen, bewußt übernimmt und liebt, ist Nietzsches Zarathustra. Weil er die Erde und den Himmel liebt, spricht er immer wieder vom Wandern. Es ist eine Lebensform, die sein In-der-Welt-sein zutiefst kennzeichnet. Ihn treibt das übervolle Herz hinaus, hinunter von seinem Berg, unter die Menschen, denen er sein Herz ausschütten will. Der Anfang wie das Ende des Buches, das Zarathustras Sprechen aufzeichnet, erzählen von einem Aufbruch; und das ist keine Reise, die eine Rückkehr vor sich hat, sondern ein Gehen, das – im Sinne des alten Liedes – „sein Sach' auf nichts gestellt hat" als auf das Gehen selbst. Zarathustra ist ein Wanderer ohne Ruhelosigkeit, einer, der die Erde bewohnt und überall und darum auch nirgends zuhause ist.

Das Gehen, dem es nicht um ein Ankommen zu tun ist, ist ein Zuhausesein im Unterwegssein. So wie sein Wohnen nicht den Charakter eines bloßen Zur-Ruhe-gekommen- und Seßhaft-gewordenseins hat, so bedeutet sein Wandern keinen Fluch des Ausgestoßenseins aus dem Paradies der ewig gesuchten und doch nie zu erreichenden Heimat, es bleibt nicht ständig auf dem Weg zu einem letztlich doch nie ganz zu erreichenden Wohnen. Es ist kein bloß jetziges Wandern, um dann irgendwann zu wohnen; Wohnen und Wandern sind miteinander ein Hiersein, ein ankommendes Angekommensein, das die Fremde und das Fremdsein nicht hinter sich gelassen, sondern in sein Wohnen hineingenommen hat.

2) Wandern durch die Welt: Nomaden und Seefahrer

Wohnen und Wandern gehören korrelativ zum In-der-Welt-sein des Menschen. Gleichwohl kann in unterschiedlichen Weisen des Menschseins das eine oder das andere ein größeres Gewicht haben. Jabès nennt zwei sehr unterschiedliche Erscheinungsweisen existentiellen Unterwegsseins: „Nomade oder Seefahrer, stets ist dort, zwischen dem Fremden und dem Fremden – ob Meer oder Wüste –, ein Raum, den der Schwindel bezeichnet und dem der eine und der andere anheimfallen." (Ein Fremder, München, 16) Die Seefahrer verlassen ihr Haus und ihre Familien, um sich dem unsicheren Element anzuvertrauen, ferne Meere und ferne Lande zu erfahren. Ein elementares Sehnen treibt sie „hinaus auf See". Die Nomaden ziehen durch den Raum; sie haben keine festen Orte, an denen sie heimisch und verwurzelt wären. Oder vielmehr: ihr Heim selbst ist ein bewegliches, ihre vertrauten Plätze wandern mit ihnen, sie bauen ihre Zelte oder Jurten an wechselnden Orten auf. Das Nomadentum ist die große Alternative zur Seßhaftigkeit. Oder vielleicht besser umgekehrt: die Seßhaftigkeit ist die große Alternative zum Nomadentum.[4]

Nicht nur die Eigenart des Raumes, den sie durchziehen, sondern der gesamte Charakter ihres Unheimischseins unterscheidet die Nomaden und die Seefahrer. Gemeinsam aber ist ihnen, daß sie an keinen festen Ort gebunden sind. Bleiben und Verharren sind ihnen Fremdworte. Die Weite oder der Raum selbst stellen für sie kein Jenseits dar, Nähe und Ferne stehen ihnen in einem anderen Verhältnis zueinander als in der Welt der Seßhaften. Sie haben die Fremde zu ihrem Eigenen gemacht, ohne daß sie damit aufhörte, Fremde zu sein. Nomaden und Seefahrer, so denkt es Jabès, sind Fremde im Fremden. Das Andere, das nicht jenseits des Einen, sondern Anderes des Anderen ist und bleibt, versagt das Vertrautwerden; der Sog des Unheimischen erzeugt einen Schwindel des Offenbleibenden, Schwebenden.

Meer und Wüste sind abgründige Räume, ihnen fehlt die Gegründetheit des Sicheren und Festen, eine Ständigkeit, an der man sich festhalten kann. Die Orte und Plätze bekommen den Charakter von Grenzmarken: die fremden Häfen für die einen, die Handelsplätze für die anderen bedeuten – wenn auch für beide auf sehr verschiedene Weise – eine gewisse Orientierung; aber diese Orientierungsmarken haben nicht den Charakter eines letzten und festen Referenzpunktes oder gar einer Lebensmitte. Die Bedeutung des Heimathafens bzw. des „kleinen Hauses hinterm Deich" für den Seefahrer hat zwar im Leben der mit ihren Herden herumziehenden Nomaden kein genaues Äquivalent; andererseits stellen die Winterlager oder die Handelsplätze, wo Entspannung und Unterhaltung die Entbehrungen und die Geichförmigkeit des Herumziehens unterbrechen, eine gewisse Parallele zumindest zu den „fremden Häfen" dar.

Daß sie dem Schwindel des Unsicheren, Schwankenden ausgesetzt sind, besagt nicht, daß es für die Seefahrer und für die Nomaden keine Gewohnheiten des Alltags gäbe, die Fremdheit überwältigt nicht die Vertrautheit des Umgangs mit Dingen und Tieren. Im Gegenteil, die Angewiesenheit der einen auf ihre Schiffe und auf alles, was damit zusammenhängt, die Zusammengehörigkeit der anderen mit ihren Herden (und Hunden bzw., je nachdem, Pferden) bedeutet vermutlich eine engere, jedenfalls eine andersartige Verbundenheit mit dem, was jeweils mit ihnen in der Welt ist, als die Seßhaften sie gegenüber den sie umgebenden Dingen empfinden. Doch färbt die Unmittelbarkeit der Beziehung zur Weite des Raumes auch noch die nahen und gewohnten Bezüge. Der Blick geht in die Ferne und kommt aus der Ferne, auch wo er sich auf das Nahe und jeweils Zuhandene richtet. Vertrautheit und Fremdheit liegen für den, dessen heimischer Ort ein weiter Raum ist, näher beieinander als für den Seßhaften.

Sowohl die Erde wie der Himmel, sowohl der Raum wie die Zeit haben für die, die über Land oder übers Meer ziehen, eine andere Bedeutung als für die Bewohner von Häusern, Dörfern und Städten, für Bauern und Bürger. Die Fremdheit, die zwischen den Fremden und der Fremde, in der sie sich bewegen, besteht, ist nur im Hinblick auch auf diese Andersheit zu verstehen. Den „Unbehausten" *fehlt* nicht nur der beständige und sichere Wohnort, ihnen *gehört* dafür eine eigene offene und nichthafte Weite und Weile des Auf-der-Erde- und Unter-dem-Himmel-seins. Windstille und die „fürchterlich sausende Windsbraut" auf dem Meer, flirrende Luft, zitternde Hitze und heißer Hauch der Wüste haben eine elementare Präsenz und Realität, die weniger als ein Gegenüber, eher als ein Umfassendes zu erfahren sind, in das die Unsteten ausgesetzt, dem sie anheimgegeben sind. Dieses Ausgesetztsein zehrt an ihnen, fordert sie heraus, ihre Existenz ist die von Grenzgängern zwischen Hier und Dort, Vorher und Nachher, Sein und Nichtsein.

Seit Kain und Abel besteht ein unüberschreitbarer Graben zwischen dem Welt- und Lebensgefühl des seßhaften Ackerbauern einerseits und des viehtreibenden Nomaden andererseits, der ein gegenseitiges Verstehen und Anerkennen fast auszuschließen scheint. Der eine hat das Haben und das Sein gewählt, damit auch einerseits die alltägliche Mühe und Arbeit, andererseits die Früchte und den Erfolg als deren gerechten Lohn. Der andere hat sich dem Offenbleibenden anvertraut, der Sorglosigkeit der „Lilien auf dem Felde" und der „Vögel unter dem Himmel". Er ist nichts und er hat nichts Festes, sein Wohlergehen ist nicht hart verdient, es fällt unverhofft zu oder bleibt aus. Abel hat – um diese Liedzeile noch einmal zu zitieren – „sein Sach' auf Nichts gestellt". Kain kann diese Sorglosigkeit, die die Grenze zwischen Sein und Nichtsein, Haben und Nichthaben nicht achtet und gleichwohl „selig" ist, nicht ertragen und tötet den Bruder. Jabès schreibt dazu: „Zwischen dem GANZEN und dem NICHTS verläuft der brutale Schnitt eines Mordes./ Gott verfluchte Kain, weil dieser es in Seinem Namen gewagt hatte, seinen Bruder totzuschlagen./ Und Kain begriff, daß das GANZE und das NICHTS nur die beiden Pole der menschlichen Bedürftigkeit und des göttlichen Unrechts sind." (56f.)

Zur Strafe für den Brudermord wurde, darauf hat Chatwin hingewiesen, der Seßhafte seinerseits zum Herumziehen verflucht. Die zwiespältige Einschätzung des menschlichen Wanderns überhaupt erscheint hier vorgeprägt: Für Abel ist das Nomadentum selbstgewählte Lebensform, für Kain wird es zum Fluch des Unsteten und Flüchtigen. (Was mache ich hier, 223) Chatwin zitiert Marcellinus, der über die Hunnen sagt: „Niemand kann bei ihnen die Frage beantworten, wo er herstammt, da er an einem Ort erzeugt, fern davon geboren und weit davon entfernt aufgezogen wurde." (222) In diesen Bemerkungen spiegelt sich das hilflose Unverständnis, das den Anderen und Fremden nur aus der eigenen Perspektive und mit den eigenen Kategorien beurteilen – und aburteilen kann. Bosse und Neumeyer führen eine Verlautbarung des Freiherrn von Knigge über die fahrenden Schauspieler an: „diese Menschen sind nicht an den Staat geknüpft, folglich fällt bei ihnen ein großer Bewegungsgrund, gut zu sein, die Rücksicht auf ihren Ruf unter den Mitbürgern, weg." (Da blüht der Winter schön, 20) Dazu noch einmal Marcellinus an der von Chatwin angegebenen Stelle: „alle schweifen ohne festen Wohnsitz, ohne Heim oder feststehendes Gesetz oder Brauch, immer Flüchtigen gleich, mit ihren Wagen umher." Wer keinen festen Wohnsitz hat, ist eo ipso verdächtig, – im vierten Jahrhundert unserer Zeitrechnung wie zu Ende des zweiten Jahrtausends. Aus der Sicht des Seßhaften erscheint der Umherziehende, bei dem Herkunft und Zukunft nicht identisch sind, nicht nur als dem „Flüchtigen gleich", sondern im Grunde als ungesetzlich; seine Existenz stellt die Gesetzmäßigkeit und damit das Selbstverständnis des ruhig Wohnenden in Frage. Das Bedürfnis nach Sicherheit und Besitz, das den Seßhaften bestimmt, duldet nur schwer die Möglichkeit einer Relativierung der eigenen Lebenswahl.

Gleichwohl geht mit der Angst und dem Abscheu auf der anderen Seite auch eine versteckte Sehnsucht einher. „Ach, wer da mitreisen könnte, in der prächtigen Sommernacht!" (Joseph Eichendorff, Sehnsucht) Eine Fülle von Wanderliedern aus der Romantik sind Zeugnisse für eine Sehnsucht des Seßhaften und in seinen Verhältnissen „Etablierten" nach der Ungebundenheit des Wanderlebens, nach einer Auffassung, die dem Lebensideal des strebsamen und folgerichtig erfolgreichen Bürgers diametral entgegengesetzt ist und gerade darum ihre eigene Anziehungskraft ausübt: „Dreifach haben sie mir gezeigt,/ Wenn das Leben uns nachtet,/ Wie man's verraucht, verschläft, vergeigt,/ Und es dreimal verachtet." (Nikolaus Lenau, Drei Zigeuner)

Unter den Nomaden gibt es ähnlich große Unterschiede in der Kulturentwicklung wie bei den Seßhaften. Die arabischen Wüstenvölker mit ihrer jahrtausendealten Geschichte, die Steppenvölker Ostasiens, die Indianer in Nordamerika oder die Sinti und Roma – die sich heute wieder Zigeuner zu nennen beginnen – sind untereinander überaus verschieden. Und noch größer sind zweifellos die Differenzen zwischen den Wanderungen der Nomaden im eigentlichen Sinne und den etwa durch Trockenheiten, Hungersnöte und Kriegswirren auferlegten Fluchtwanderungen oder Migrationen, wie sie immer mehr zum Signum der Jetztzeit werden, oder auch der Heimatlosigkeit der Obdachlosgewordenen.

Unter den Seefahrern gibt es ebenfalls eine Vielfalt unterschiedlicher Weisen des Wanderns bzw. der Wanderbewegungen. Es können Piraten und Handeltreibende sein, Kapitäne und Matrosen, Abenteurer und Eroberer. Und auch die teils einer ständischen Ordnung, teils einer alternativen Lebensauffassung entstammenden Wanderbewegungen von Handwerkern, Studenten, Künstlern, Bohémiens usw. wie auch der Tramper, Gammler, Landstreicher, in früheren Jahrhunderten wie heute, haben einen eigenen Bezug zur Fremde und stehen im Gegensatz zum gesicherten Wohnen mit festem Wohnsitz.

Heute ähneln sich die unterschiedlichen Lebensformen in vielem einander an. Selbst wo es noch „echte" Nomaden gibt, übernehmen sie viele Lebensgewohnheiten der Seßhaften; auf der anderen Seite haben die modernen Staaten ihre Schwierigkeiten damit, ihre Regierungsformen, Steuerregelungen, Gesetzgebungen usw. auf die auf ihrem Staatsgebiet lebenden Nomaden auszudehnen. Und was die Seefahrer angeht, – die Arbeit auf einem „Ozeanriesen", sei es ein Kreuzschiff oder ein Container, unterscheidet sich vielfach kaum mehr von der Arbeit an Land, die Abhängigkeit von Wind und Wetter ist vielfach ebensoweit in den Hintergrund getreten wie in der Landwirtschaft. Auf der anderen Seite haben sich auch neue Lebensformen entwickelt, die unterschiedliche Entsprechungen zu alten Wanderbewegungen haben, wie z.b. gewisse Formen des zeitgenössischen Tourismus. Und Handlungsreisende sind heute nicht mehr auf Karawanen- oder Schiffahrtsstraßen angewiesen, der von den „Kapitänen der Straße" durchgeführte Fernverkehr hat dem „Wandern" neue Züge hinzugebracht und alte aufgegeben.

3) Ankommen und aufbrechen, aufbrechen und ankommen

Das Wandern ist die Bewegung zwischen Aufbruch und Ankunft, das Wohnen füllt die Spanne zwischen Ankunft und Aufbruch. Muß man erst irgendwo angekommen sein, um dann aufbrechen zu können? Oder ist der Aufbruch das Erste, der dann schließlich dahin führen kann, daß man ankommt, seinen Weg – vorübergehend oder endgültig – beendet?

Auf die Welt zu kommen, einzutreten bzw. hineingeworfen zu sein in eine bestimmte Situation des Miteinanderseins, an einem spezifischen Ort und zu einer spezifischen Zeit, – das ist die erste, unhintergehbare Ankunft, die unser menschliches Dasein bestimmt. Wir sind nicht selbst aufgebrochen, um anzukommen, sondern wir finden uns vor, sind da. Das ist gleichwohl nichts Statisches oder Stationäres. Im Hineinwachsen in unser Leben, in unsere menschliche und dingliche Umgebung werden wir erst zu dem, was wir sind oder sein können. Wir nehmen Wohnung in einer eigenen Welt, indem wir uns ein-gewöhnen und sie uns an-eignen. Insofern ist das Wohnen selbst schon eine Wanderung, eine Wanderung, die jedem Aufbruch vorhergeht. Erst und nur wenn wir auf einem langen Weg gelernt haben, uns da hingehörig zu fühlen, wo wir sind, jetzt also wissentlich und willentlich da zu sein, vermögen wir aufzubrechen, – oder sehen wir uns vielleicht auch gezwungen, auf- und auszubrechen, wenn es gilt, Verfestigungen und Verkrustungen aufzusprengen.

Aber gerade weil das Wohnen selbst schon eine Wanderung ist, macht auch das umgekehrte Verständnis einen Sinn. Die Geburt läßt sich vergleichen mit dem Anbruch eines neuen Tages oder eines neuen Jahres: Indem wir zum ersten Mal das Licht der Welt erblicken, brechen wir auf in das Abenteuer des Lebens. Vielleicht sind wir erst im Augenblick des Todes, am Ende des Weges, ganz da angekommen, wohin wir unterwegs sind. Wenn das ganze Leben ein Aufbruch ist, dann ist jedes Ankommen im Hier und Jetzt ein vorübergehendes, in dem sich ein neues Aufbrechen vorbereitet. Das meint nicht, daß das In-der-Welt-sein zu einem bloßen rast- und ruhelosen Durchlaufen der Welt gestempelt würde. Sondern daß dem Lebens-Weg und dem Gehen dieses Weges eine eigene, nicht lediglich auf ein Ziel hin gerichtete Bedeutung zuerkannt wird.

„In fast allen Nomadenkulturen lautet die Definition eines Menschen 'er, der auf Wanderungen geht'." Das Auf-Wanderung-gehen, könnte, so vermutet Chatwin, einen „instinktiven Wunsch nach Bewegung im weitesten Sinne", „eine grundlegende menschliche Sehnsucht befriedigen, was Seßhaftigkeit nicht tut". Entsprechend bedeutsam ist hier der Begriff oder das Bild des Weges. „Das Territorium eines Nomaden ist der Pfad, der seine saisonbedingten Weideplätze miteinander verbindet. Der Zeltbewohner hat zu diesem Pfad eine emotionale Bindung, die ein Siedler seinem Haus und seinen Feldern vorbehält." (Was mache ich hier, 227 und 226) Auch die Bedeutung von Laotses „Tao", was, wie auch das arabische Wort „scheria", wörtlich „Weg" heißt, ist als grundlegende Alternative zum Begriff des bleibenden Seins zu verstehen. Das Bedürfnis nach einem In-Bewegung-Bleiben steht in diametralem Gegensatz zu dem Sicherheitsbedürfnis, das dem modernen Menschen weitgehend in Fleisch und Blut übergegangen ist und sowohl seine Lebensplanung wie sein Verhalten zu sich selbst und Anderen bis in Einzelheiten hinein bestimmt.

Risiko, Wagnis, Abenteuer, Spiel, – wenn es jene „grundlegende menschliche Sehnsucht" tatsächlich gibt, dann impliziert sie auch die Sehnsucht, sich selbst und die – vielleicht scheinbaren – Bedingungen des eigenen Seins in Frage, besser: zur Disposition zu stellen. Es ist schön, zuhause zu sein, unter Vertrautem, die Parameter dessen zu kennen, was einen umgibt. Aber dieses Dasein bedeutet auch einen Verzicht auf offene Möglichkeiten, ein Sich-Beschränken auf Gegebenes. Es muß sich versagen, über die Grenze des Seienden hinaus ins Nichtseiende zu blicken.

Aeneas und Odysseus zogen durch die Weite der damals bekannten Welt, um heimzukehren. Der Mazedonier Alexander und der Hohenstaufe Friedrich – die „Großen" – zogen aus, um zu erobern und als Sieger nach Hause zu kommen. Christopher Columbus machte sich auf, für seinen König einen Seeweg nach Indien zu finden. Wilhelm Meister ging auf Wanderschaft, um zu lernen. Vermutlich fühlten sie alle auch eine unbestimmte Sehnsucht in sich, nach Neuem, Anderem, Erstaunlichem. Aber sie sind wohl nicht eigentlich ausgebrochen, sie haben nicht die Seinsweise des Sich-aufs-Spiel-setzens gewählt oder wählen müssen. Sie sind nur aufgebrochen, um wiederum anzukommen.

Was war es dagegen, was Bashô, den japanischen Haiku-Dichter, dazu brachte, sich mit vierzig Jahren plötzlich seiner gefestigten Rolle im öffentlichen Leben – als Berufsdichter und Lehrer im Gedichte-Machen – müde zu fühlen und auf Wanderschaft zu gehen? Welche geheimnisvolle Unruhe verführte Hamsuns August Weltumsegler dazu, immer wieder aufzubrechen, kaum hatte er sich für ein paar Monate irgendwo niedergelassen? Was trieb Zarathustra auf seine Wanderungen? Solches Aufbrechen ist fast immer auch ein Ausbrechen. Doch warum lockt das Offene und Unsichere, das in der Schwebe Bleibende? Warum beengt und beschränkt das Sein?

Sich selbst aufs Spiel zu setzen, sein Sache auf Nichts gestellt zu haben, heißt, der Grenze zwischen dem sicheren Bereich des Seins und dem Meer oder der Wüste des Nichthaften die Anerkennung zu verweigern. „Nichts" meint da nicht so sehr ein wie auch immer verstandenes „Nichts als solches" als vielmehr die Offenheit, das Nichtvorherbestimmtsein dessen, was geschieht und wie es geschieht. Jeder Morgen ist in anderer Weise neu, wenn die Sonne woanders aufgeht, wenn die Menschen anders blicken und anders sprechen, wenn der Aufenthaltsort für den Abend ungewiß ist.

V. Das Haus der Welt
   zwischen Himmel und Erde

1) Zwischen Himmel und Erde

Sie überschneiden sich: das Wohnen im Haus der Welt und das Wandern durch den Raum der Welt. Tritt das Wohnen aus dem Innenraum in das Haus der Welt, so weitet es sich zum Wandern, besser: zum *wandernden Wohnen*. Wohnen und Wandern sind nicht aneinanderzustücken wie zwei Hälften eines Ganzen. Das Wohnen in einer offenen, weltoffenen Weise wahrzunehmen und zu denken, heißt darum auch schon, sich aufs Wandern eingelassen zu haben.

Haus und *Welt* – das scheint zunächst ein Gegensatz zu sein. Die Welt ist, auch wenn sie ein Ganzes, ein einheitlicher Zusammenhang von Bezügen und aufeinander bezogenen Gegenständen ist, ein offener Bereich, ihre Horizonte sind prinzipiell nicht eindeutig und geschlossen, ihre Grenzen sind fließend. Dagegen ist das Haus, die Behausung, – und handle es sich um ein Schloß mit hundert Gemächern und labyrinthischen Gängen – etwas Begrenztes, von Mauern Umschlossenes. Die Wohnung ist – wie auch der Wohnort – ein Raum des Vertrauten und des Vertrauens, in dem man zuhause ist, der Bereich eines Innen gegenüber einem Draußen. Auch das Viertel, in dem einer wohnt, oder die heimatliche Landschaft haben noch diesen Charakter des „Intimen", eines gewissen Innenraums, dem sich eine oftmals fremde oder sogar als feindlich empfundene Außenwelt gegenüberstellt.

Doch weitet sich das Innen zu einer immer größeren Offenheit. Von der Intimität der eigenen Schlafstelle über die Wohnung zur Straße, zum Dorf oder der Stadt, der Gegend, der Landschaft. Der Innenraum öffnet sich, die Hin- und Zugehörigkeit wird weniger eng, das Da-wohnen erhält eine andere Bedeutung. Indem die Vertrautheit abnimmt, spielen immer mehr Momente von Fremdem und Unbekanntem in das Wohnen hinein. Ist diese Reihe fortzusetzen bis zu dem letzten, umfassenden Raum, den wir die Welt nennen? Was heißt „Welt", und wie steht es mit dem Wohnen in ihr? Ist die Welt der weiteste und offenste Ort unseres Wohnens? Und wenn es so wäre, könnte der Gesamtbereich innerhalb dieses äußersten, fernsten Horizontes unseres Lebensraumes dann gleichwohl noch in irgendeiner Weise ein Innen genannt werden, ein Raum der Vertrautheit, ein Haus, in dem wir wohnen? Würde das besagen, daß in ihm Drinnen- und Draußensein, Eigensein und Fremdheit, Intimität und Offenheit zusammenkämen?

Tatsächlich hat die Welt einen merkwürdigen Doppelcharakter: sie ist sowohl etwas Weites, Offenes, wie sie ein Umfassendes, Einheitliches, Vertrautes ist, und zwar gleichviel, ob wir von den vielen Welten, den Lebens- und Sonderwelten sprechen oder von der einen, unserer Welt. Das Hänschen klein, das „in die weite Welt hinein" geht, sucht das abenteuerlich Offene, das nicht durch vorgegebene Grenzen eingeschränkt ist, dessen Horizonte sich vielmehr mit jedem Schritt neu konturieren. Der Begriff der „weiten Welt", wie er in Volksliedern begegnet, nennt u.a. gerade diese Offenheit, die Weite der Möglichkeiten, die sich erst noch entscheiden werden, der Gelegenheiten, die darauf warten, ergriffen zu werden, der Erfahrungen, die erst noch zu machen sind. Andererseits aber ist die Welt zugleich etwas Abgeschlossenes und Einheitliches, ein jeweiliger „Sinnzusammenhang". Zumal wenn wir etwa von der Welt der Arbeit, der Welt des Kindes, der Welt in einem Wassertropfen sprechen, meinen wir, daß da ein trotz aller Offenheit in sich geschlossener Bereich vorliegt, etwas, das sich durch einen wenn auch nicht apriorischen, so doch einheitlichen, sich aus dem Ganzen selbst bestimmenden Sinn zu diesem Ganzen fügt.

Auf Grund dieses zweiten Moments kann die Welt ein Haus genannt werden. Haus *und* Welt sind Heimstatt und Wohnung des Menschen, das eine im Kleinen, im sinnlich Konkreten, die andere im Großen. Es ist dieses Vertrautsein mit und in einer bestimmten Welt, was auch die Ausweitung des Wohnens vom Haus auf die Straße und die Stadt möglich machte. Wenn Benjamin vom Flaneur sagte, die Straße werde ihm zur Wohnung und er sei zwischen Häuserfronten zuhause wie der Bürger zwischen seinen vier Wänden, so ist damit auch eine gewisse Weltvertrautheit angezeigt, ein Sich-hingehörig-fühlen in einen umfassenden Raum oder Bereich. Man kann sich auch in der Fremde eine eigene Welt aufbauen, sich an einem eigentlich fremdartigen Ort zuhause fühlen.

In bezug auf die Wohnung gebraucht ist das Wohnen etwas anderes als in Bezug auf die Straße, auf eine Stadt. Und doch ist immer, wenn wir überhaupt von „wohnen" sprechen, im privaten Bereich der „eigenen vier Wände" wie im öffentlichen des Draußen, ein uns selbst grundsätzlich mit ausmachender Vertrautheitszusammenhang gegeben. Wir sind nicht isolierte Punkte in einem neutralen Raum, sondern nehmen Plätze und Orte ein, folgen Orientierungen und erfahren Situationen in einem durch eine Vielzahl von Bedeutungslinien durchzogenen Beziehungsgefüge, dem wir eben dadurch zugehören, daß wir es bewohnen. Sowohl das jeweilig Einzelne wie die Allheit solcher Beziehungsgefüge kann als „Welt" bezeichnet werden.

Gaston Bachelard, der die beiden ersten Kapitel seiner „Poetik des Raumes" „Das Haus" und „Haus und All" überschrieben hat, sagt: „Denn das Haus ist unser Winkel der Welt. Es ist – man hat es oft gesagt – unser erstes All. Es ist wirklich ein Kosmos." (36) Die Wohnung ist zu eigen gemachte, in diesem Sinne angeeignete Welt. Dieses Zueigenmachen umfaßt von seinem unmittelbaren Kern aus immer weitere Kreise, und entsprechend weiten sich die Bereiche unseres Vertrautseins über das Haus hinaus aus, bis sie in der Tat die ganze Welt umfassen, die dann gleichwohl jeweils noch eine engere oder weitere, erfülltere oder gleichgültigere sein kann.

Das Wohnen im Haus und das Wohnen in der Welt stehen somit nicht einfach nebeneinander. Mit aller Vorsicht können wir sagen, daß das Haus uns mit der Welt vermittelt, insofern es unserem In-der-Welt-sein *seinen* Raum gibt, es „erdet". Im Bewohnen des Haus-Dinges sammelt sich gleichsam in ausdrücklicher, konkreter Weise unser wohnender Aufenthalt in der Welt im Ganzen.

Im Laufe der zurückliegenden Denkgeschichte ist der Weltbegriff vielfältig expliziert und bestimmt worden. Das griechische Fragen nach ouranos, holon, pan, olympos und kosmos, die christliche Lehre von der Weltschöpfung einerseits und den zwei Welten andererseits, der in der Neuzeit entwickelte naturwissenschaftliche Weltbegriff, die unterschiedlichen philosophischen Weltbilder und Weltanschauungen von der Renaissance bis zur Moderne haben sich in unserem heutigen Weltverständnis zu einem vielgestaltigen Bedeutungsgeflecht zusammengewoben, in dem Raum- und Zeitgesichtspunkte, Natur- und Geschichtsmomente, Subjektivitäts- wie Objektivitätsansätze ihren Platz haben. Immer handelt es sich, so könnte man diese Fülle vielleicht zusammenfassen, um ein in sich geschlossenes, erfülltes bzw. differenziertes Ganzes, sei dieses Ganze nun allumfassend gedacht, als „Weltall", oder als ein spezifischer Bereich, der einem anderen entgegengesetzt ist, wie in den Gegenüberstellungen von diesseitiger und jenseitiger Welt, Natur- und Geisteswelt, Innen- und Außenwelt, oder als eine unbestimmte Mehr- oder Vielzahl, wie in den unterschiedlichen Lebenswelten oder Traumwelten.

Was „Welt" heißt, kann indirekt deutlicher werden, wenn wir sie dem Seinsbegriff kontrastieren: Die weite Welt, die schöne Welt, die grausame Welt – eine Welt voller Elend, eine Welt voller Glück, eine Welt voller Überraschungen. Offenbar können wir nicht ebenso sagen: das weite Sein, das grausame Sein, ein Sein voller Glück. Das Denken des Seins in seiner Objektivität und Neutralität, Abstraktheit und Allgemeinheit überspringt insbesondere zwei wesentliche Bestimmungen, die der Welt eben darum zukommen, weil es in ihr um den konkreten Zusammenhang von Konkretem geht. Das eine ist die Bezughaftigkeit oder Verhältnishaftigkeit von allem, der Gewebecharakter dessen, was zusammen in der einen Welt bzw. in den verschiedenen Welten ist. Das andere ist dessen grundsätzliche Andersheit untereinander, die das In-Beziehung-Stehende gleichwohl kennzeichnet, damit auch das Moment der Erstaunlichkeit oder Einsamkeit, in bestimmtem Sinne der Nichthaftigkeit, das jedem Einzelnen als einem Dieshaften und Jeweiligen vor dem Hintergrund oder Horizont der Welt zukommt. Verstehen wir uns aus der Welt, so treten sowohl die gegenseitige Verflechtung von allem wie das Anderssein jedes Einzelnen mit vor den Blick.

Die Welt scheint vornehmlich ein äußerster Bewandtnis- oder Bedeutungszusammenhang und insofern so etwas wie ein „geistiges" Gebilde zu sein, was heißen soll: jedenfalls nichts einfachhin Gegebenes, bloß Vorfindliches, sondern etwas, das durch die menschliche Kommunikation miteinander und mit dem Gegebenen zustandekommt. Aber sie ist zugleich und darüber hinaus etwas durchaus Konkretes, der beide mit umfassende Raum zwischen Himmel und Erde, in dem wir leben. Die vielen Welten sind die vielen Sinnzusammenhänge, deren Pluralität insofern eine relative ist, als sie alle an der einen Welt ihren gemeinsamen Raum haben, die *unsere* Welt ist, in die wir hineingeboren werden, die für uns den Charakter des Zwischen von Himmel und Erde hat und die wir als welthafte Wesen zugleich mit ausmachen. Insofern widerstreitet die zuvor genannte Pluralität – trotz der gegenteiligen Auffassung der Postmoderne – nicht der Möglichkeit oder besser Notwendigkeit, zugleich von *einer* Welt zu sprechen. Wir haben letztlich nur eine Welt, wie und weil wir nur einen Himmel und eine Erde, nur einen Leib, nur ein Leben – und nur einen Gott, wie die Juden, Christen und Mohammedaner hinzufügen könnten – haben. (Insofern ist unsere Welt für uns – noch – mit dem Planeten Erde identisch. Die Möglichkeit einer zukünftigen Erweiterung über seine Grenzen hinaus, der Einbeziehung etwa des Mondes oder anderer Planeten in den Wohnbereich des Menschen, müßte dem nicht widersprechen. Der Inhalt des Wortes „Erde" könnte sich radikal wandeln und würde doch die hier entscheidenden Merkmale behalten.)

Wir sind aber auf der Erde und unter dem Himmel, indem wir in ihrem Zwischen-Raum wohnen und ihn durchwandern. Zu sagen, daß wir *über die Erde wandern*, ist fast ein Topos, – wir wandern von hierhin nach dorthin, durch die Tage und die Jahre, wir bewegen uns auf Menschen zu oder von ihnen weg, wir wandern ein Stück weit mit ihnen zusammen durchs Leben. Da der Raum des Wanderns der offene Raum des Draußen ist, fügt das „auf der Erde" zwar nichts Neues zur Vorstellung des Wanderns hinzu, verstärkt sie aber gewissermaßen.

Macht es aber auch einen Sinn zu sagen, daß wir *auf der Erde wohnen*? Wir wohnen alle irgendwo und irgendwie. Behaglich oder beengt, zuhause oder in der Fremde, allein oder mit Anderen. Man wohnt in Häusern oder Hütten, in Baracken oder Palästen, anderswo in Zelten, Jurten, Tipis, Iglus. Manche, immer mehr, wohnen unbehaust unter Brücken oder auf Parkbänken, in oder über U-Bahn-Schächten. Die Selbstverständlichkeit, daß wir auf der Erde und unter dem Himmel wohnen, ist eine andere als die, daß wir dort wandern; es mutet befremdlich an, wenn diese „Raumangabe" zu der Bestimmung „Wohnen" eigens hinzugefügt wird. Worauf es beim Wohnen ankommt, scheint zu sein, daß man sich „häuslich" eingerichtet hat, so daß man in Häusern, Gegenden, Landschaften zu wohnen vermag. Zudem klingt „auf der Erde wohnen" nach einer konservativen Bodenständigkeit und einem Vertrauen auf die „festgegründete, dauernde Erde", mit denen unser Wohnen heute zumeist nichts mehr zu tun hat.

Dennoch sind wir auch und gerade als Wohnende nicht nur nebenbei, sondern wesenhaft auf der Erde und unter dem Himmel. Wir machen ihren Zwischen-Raum zu unserem eigenen, machen uns heimisch in ihm und bewohnen ihn, und wir durchgehen ihn zugleich als einen fremden, der sowohl uns, die ihn Bewohnenden, verändert, wie er sich selbst durch unser Wohnen und Wandern in ihm ändert. Was es heißt, zu wohnen, ermessen wir erst dann voll, wenn wir uns als Wohnende auf der Erde und unter dem Himmel, und das heißt, in der Welt als einem Raum zwischen Himmel und Erde verstehen.

Die Erde, das ist der Bereich des Irdischseins, mit seiner Lebendigkeit und seiner unmittelbaren Räumlichkeit. Sie ist auch – gegenüber dem Himmel – die Dimension des Unteren, damit einerseits des Festen, Tragenden und Bergenden, andererseits des Dunklen und Düsteren, Geheimnisvollen, des Verbergenden und Verborgenen. Mit dem Himmel und der Dimension des Oben ist demgegenüber das Bestimmende in den Zeiten der Natur genannt, das Wetter mit Sonne und Wolken, das Taghelle und die Nacht mit den Gestirnen, sowie zugleich der Bereich des Oberen, des Lichten, Leichten, Geistigen.

Der unmittelbar räumlich verstandene Himmel ist für unser Bewußtsein heute zumeist nicht mehr – oder nicht mehr nur – das blaue Himmelsgewölbe, das Firmament. Er verliert sich in eine unermeßliche Tiefe oder Weite. Nur bedingt ist er *das* Oben, wenn wir darunter das, was hoch über uns ist, verstehen; er reicht bis zu uns hinab, wir sind in ihm. Oder ist diese Weite, in der wir sind, schon nicht mehr der Himmel, sondern der Weltenraum? Wir müssen vielleicht – zumindest heute – zwischen unserer Erfahrung des Taghimmels und des Nachthimmels unterscheiden. Insbesondere scheint es der Sonnenlauf selbst zu sein, der den Himmel für uns zum Gewölbe macht, und die uns umgebende Helligkeit läßt ihn – auch mit Wolken, Dunst und Nebel – eine vom Horizont begrenzte halbrunde Hülle sein. Hingegen öffnet sich der Nachthimmel in den unermeßlichen Raum; es ist „der bestirnte Himmel über mir", der bei Kant als erhaben und unendlich erfahren wird. In den Sternenhimmel hinein verliert sich der Blick; die unterschiedliche Intensität der Gestirne scheint die Richtung in immer größere Ferne anzuzeigen. (Möglicherweise gibt allerdings der Mond – und zwar je heller er ist, desto mehr – den Eindruck einer gewissen Geschlossenheit des Firmaments.)

Die Erde, auf der wir wohnen, hat (oder hatte jedenfalls) den Charakter eines Sicheren, Widerständigen, nicht Nachgebenden. (Sicherheit und Geborgenheit ist allerdings etwas anderes als Festigkeit. Wenn man längere Zeit über das „große Wasser" fährt, insbesondere bei bewegter, stürmischer See, spürt man eindrücklich die fehlende Festigkeit, das Schwankende, in sich Bewegte.) Einstmals haben Höhlenwohnungen für die Menschen, die sich in die Erde und an der Erde geborgen haben, diese Sicherheit geboten. Die Häuser aus Holz und aus Stein konnten dann als Nachbildungen oder Nachahmungen dieser Erd- oder Felslöcher angesehen werden. Die ersten Häuser der wandernden indianischen Stämme z.B. waren in die Erde hineingegrabene Gruben. Als man dazu überging, länger an einem Ort zu verweilen und größere Wohnstätten zu errichten, wurden solche Gruben zunächst noch zur Vorratshaltung und für die Bestattung der Toten verwandt, vor allem aber, bis heute, als die zentralen heiligen Stätten (Kivas) unter den Plätzen der Siedlungen angelegt. Der Bezug zum Schoß der Erde bleibt unmittelbar greifbar.

In vielen Schöpfungs- und Ursprungsmythen in den verschiedensten Kulturen werden Himmel und Erde als ein Urpaar verstanden. „Du Gattin des sternübersäten Himmels" wird die „spendende, heilige Göttin" in dem homerischen Hymnus „An die Allmutter Erde" angesprochen. Aus der liebenden Vereinigung von Erde und Himmel entsprangen eine Vielzahl der irdischen und überirdischen Mächte. In der dunklen Nacht besucht bei Hesiod Uranos Gaia, um ihr beizuwohnen; die dieser Vereinigung entstammenden Kinder verbirgt er – damit sie ihm nicht gefährlich werden können – in den tiefsten Höhlen ihrer Mutter, womit er Gaia nicht nur beleidigt, sondern ihr auch Schmerzen zufügt, so daß sie sich wehrt und den Sohn Zeus dazu bringt, seinen Vater zu entmannen.

Die mythischen Erzählungen gehen häufig davon aus, daß Himmel und Erde ursprünglich einmal unmittelbar beieinander lagen oder doch nur so weit voneinander entfernt waren, daß die Menschen mit einer Leiter zum Himmel und zu dessen Bewohnern aufsteigen wie auch diese zu jenen hinabsteigen konnten. "Viele Mythen erzählen von einer Verbindung, die ursprünglich zwischen Himmel und Erde bestand. Der Baum, die Leiter, der Pfahl, die Treppe, die Liane, das Seil, der Faden, der Berg, der Regenbogen sind die Bilder dieser Verbindung, alle sind Varianten der Weltachse." (Der verlorene Himmel, Ursprungsmythen Bd.2, 14) Es bedarf wohl kaum eines Hinweises darauf, wie sehr diese mythischen Bilder von einer ursprünglichen Geschlechtlichkeit des Miteinander von Himmel und Erde sprechen. Nachdem dann, ähnlich wie beim Sünden*fall*, sündhafte oder auch nur nachlässige Menschen das liebende Ineinanderverschränktsein der beiden Weltkomponenten auseinandergerissen und die endgültige und unermeßliche Trennung von Himmel und Erde verursacht hatten, entstand sekundär ein Bereich auf der Erde und unter dem Himmel, der dann auch zum Raum des menschlichen Wohnens und Wanderns wurde.

In den Mythen hat vor allem der mütterliche, der gebärende und nährende, im weiten Sinne wachsen lassende Charakter der

Erde seinen Ausdruck gefunden. Er steht auch im Mittelpunkt von Heideggers Bestimmungen der Erde innerhalb des Weltgevierts von Erde und Himmel, Sterblichen und Göttlichen. (Obgleich diese sich andererseits in bemerkenswerter Weise von der Erde in dem zitierten homerischen Hymnus unterscheiden, die etwas Königliches, Majestätisches an sich hat; es wäre interessant, einmal die unterschiedlichen Bilder, die sich eine Zeit bzw. Kultur von der Erde macht, mit ihren jeweiligen Frauenbildern zu vergleichen.) Bei Heidegger heißt es: „Die Erde ist die bauend Tragende, die nährend Fruchtende, hegend Gewässer und Gestein, Gewächs und Getier." Ähnlich an anderer Stelle: „Die Erde ist die dienend Tragende, die blühend Fruchtende, hingebreitet in Gestein und Gewässer, aufgehend zu Gewächs und Getier." (Das Ding, 176 und Bauen Wohnen Denken, 149)

Was hier allerdings fehlt, das ist das Dunkle und Unheimliche der Erdtiefe, – z.B. jener Höhlen, in denen Uranos seine Nachkommen versteckte. In Wahrheit ist die Erde für das Wohnen nicht nur die „sichere", sondern sie ist zugleich zuweilen steinig und unzugänglich, zuweilen schwankend und bebend, sie besteht auch aus Tiefen und Abgründen, wie sie sich zu den höchsten Höhen aufschichtet. Man könnte das auch so ausdrücken: die Mütterlichkeit der Erde schließt auch den Charakter der verzweifelt-grausamen Medea ein. „Gipfel und Abgrund – das ist jetzt in Eins beschlossen!", sagt Zarathustra, der „Wanderer". (Also sprach Zarathustra, 3.Teil, 1. Stück) Die Erde trägt den Wandernden nicht nur, sie setzt ihm auch ihre Widerstände entgegen, ihre Schwere, ihre Grausamkeit. Wenn sie bebt, oder wenn sie sich glühend und Feuer speiend auftut, hintertreibt und zerstört sie jedes Wohnen und Wandern auf ihr. „Die du ja alles, was im Meer und auf heiligem Boden, / Was in den Lüften lebt, ernährst mit quellendem Segen" singt der homerische Hymnus. Aber sie kann auch verfluchen und zerschmettern, das Wohnen und Wandern auf ihr und über sie hin ist immer auch ein gefährdetes.

Auch der Himmel mit seinen Wettern und Jahreszeiten ist keineswegs nur segensreich. (Interessanterweise ist an beiden zitierten Stellen Heideggers Beschreibung des Himmels ausführlicher als die der Erde; es wird jeweils auch das „Unwirtliche der Wetter" genannt, wenn auch sengende Hitze und Sintfluten, Hagel und Blitzschlag kaum präsenter sind als das Steinige und Staubige, Sichaufbäumende und Verschlingende der Erde.) Aber beim Himmel verhält es sich ohnehin anders als bei der Erde, weil er nicht von sich her auf das Wachsenlassen von Anderem – sei es „Gestein", „Gewächs", „Getier" oder der Mensch – angelegt erscheint. Im Unterschied zur Erde ist er, was er ist, ohne immanenten Bezug auf solches, das von ihm abhängig ist. Entsprechend sind auch die ihm zugeordneten Götter von anderer Art als z.B. die „Mutter Erde". Zeus oder Thor etwa tragen zwar himmlische Attribute, insofern sie den Charakter von Wettergottheiten haben, aber sie sind nicht als „Vater der Welt", höchstens als Göttervater konzipiert. Der Vatercharakter des christlichen Gottes ist eine späte und singuläre Konstruktion. Insofern kann auch der männliche Gott eine ganz anders geartete, seiner Machtvollkommenheit entstammende Schrecklichkeit haben als die weibliche Göttin; er – und er allein – ist *Herrschergott*, unbeschadet dessen, daß die Erdgöttin älter und ursprünglich mächtiger – was aber eben nicht heißt: herrschaftlicher – gewesen sein dürfte als der Himmelsgott.

Der Himmel ist jedoch nicht nur die Dimension des räumlich Obenseienden und das Gesamt der Himmelserscheinungen – von Wolken und Winden, Helligkeit und Dunkel, Sonne und Mond. Wenn wir den Lebensraum der Menschen als den Bereich zwischen Himmel und Erde bezeichnen, so steht da der Himmel auch für das Nicht-Irdische überhaupt, das Über-Irdische, Geistige, Geschichtliche. Während die Erde das konkrete Feld für das Leben der Menschen darstellt, nennt der Himmel die Dimension des Offenen und Freien, in die es mit seinem Tun und Lassen hineinreicht. Wir sind nicht einfach in einem Raum, der von Erde und Himmel als seinen beiden Rändern begrenzt würde. Sondern wir sind *auf* der Erde und *an* der Erde, wir sind selbst irdisch, was auch heißt: *aus* Erde. „Gott bildete aus Erde wunderbar den Leib des ersten Menschen und hauchte ihm Leben und Seele ein und nannte ihn Adam, das heißt: 'aus Erde entstanden', damit man daran denke, woher man genommen ist." (J.P.Hebel, Biblische Geschichten, S. 6) In entsprechender Weise könnte man auch sagen, der Mensch sei „aus Himmel". „... und hauchte ihm Leben und Seele ein" – damit wurde ihm tatsächlich etwas Himmlisches gegeben, er wurde selbst zu etwas Himmlischem. Daß der Mensch zwischen Erde und Himmel ist, heißt, daß er sich – an der Erde und auf der Erde – gleichwohl auch unter dem Himmel, in gewissem Sinne sogar, wenn wir „Himmel" weit genug, nicht nur als die Luft oder den Äther, sondern eben auch als geistige Dimension nehmen, „*im* Himmel" aufhält.

Eigentümlich ist dieses Zwischen darum, weil es nicht einfach nur einen Raum zwischen zwei in der Tat sehr unterschiedlichen „Grenzen", sondern – wie etwa in der Formulierung „zwischen Bangen und Hoffen" – einen Bereich benennt, der durch die beiden Größen, zwischen denen er sich erstreckt, auf unterschiedliche Weise bestimmt wird, von ihnen durchdrungen ist. Schon das „Begrenzen" selbst wie vor allem das gegenseitige Sich-aufeinander-beziehen der „Begrenzenden" und damit die Weise, wie sie das, was zwischen ihnen ist, bestimmen, sind bei beiden von unterschiedlicher Art.

Andererseits, wenn wir von einem Bereich, einem Raum oder Feld sagen, sie lägen *zwischen* etwas und einem anderen, so müssen diese beiden zugleich zumindest so weit gleichartig sein, daß sie gemeinsam das zwischen ihnen Liegende „einfassen" können, daß sie beide als Grenzen oder Grenzbereiche eines Gemeinsamen in Frage kommen bzw. daß dieses Dritte sie zueinander halten oder voneinander trennen kann. Es gibt kein Zwischen von Äpfeln und Rosen oder von Flüssen und Krankheiten. Für Himmel und Erde würde das besagen, daß von einem *zwischen* ihnen Liegenden nur so weit gesprochen werden könnte, als sie beide als die im weiteren Sinne räumlichen Grenzen eines Gemeinsamen verstanden werden.

Oder bleiben Himmel und Erde nicht doch zwei gänzlich unterschiedene Größen, sind sie so unvergleichbar, daß sich kein – sei es räumliches, sei es geistiges – Mittleres zwischen ihnen erstrecken kann? Unterscheiden sie sich nicht unendlich voneinander, – z.B. als das Irdische einerseits und das Über-Irdische andererseits? Wenn wir den Menschen und die Dinge, überhaupt alles „irdisch" Seiende zumeist dem einen von beiden, eben der Erde, zuordnen, betonen wir dann nicht gerade die Gegensätzlichkeit der beiden Bereiche? Wie aber stünde es dann mit der Möglichkeit, von etwas zu sprechen, das zwischen ihnen ist? Welcher Art ist jenes Zwischen, das das Haus der Welt sein soll, wenn wir diejenigen, zwischen denen es ist, Himmel und Erde, nicht nivellieren, sondern in ihrer Andersartigkeit gegeneinander festhalten? Welcher Art sind sie selbst, wenn der Raum des menschlichen Wohnens und Wanderns der Bereich zwischen Erde und Himmel ist? Lassen sie sich vielleicht erst mit denen und von denen her bestimmen, die dieses Zwischen in ihrem In-der-Welt-sein offen- und aushalten, also den Menschen?

Diese Fragen sind hier nicht zu beantworten. Der Hinweis auf das Verhältnis von Wohnen und Wandern soll den Bereich öffnen oder offen lassen, in dem sie sich stellen. Der Mensch zwischen Erde und Himmel – der Mensch aus Erde und Himmel. Die Selbstverständlichkeit und zugleich die Fragwürdigkeit dieser Bezüglichkeit machen den Raum des menschlichen Seins in seiner äußersten Spannung aus. Die Versuche des Menschen, sich und seinen Aufenthalt in dieser Welt zu begreifen, sind immer wieder auf die Notwendigkeit gestoßen, sich selbst in und aus dem Bezug von Erde und Himmel, Materie und Geist, Oben und Unten zu bestimmen, sich sowohl auf die Gebundenheit an die Erde und ihre Sinnlichkeit und Materialität wie auf das Streben nach einem „Hohen", nach dem Geistigen des Himmels zu besinnen. In der heutigen philosophischen Situation ergibt sich diese Notwendigkeit daraus, daß uns die Kritik an dem abstrahierenden, identifizierenden und totalisierenden Charakter des Philosophierens der Tradition dazu anhält, die Möglichkeiten und Konsequenzen auszuloten, die sich ergeben, wenn man jenen Bezug neu zu denken, den eigenen Ort zwischen Himmel und Erde anders, d.h. z.B. auch nicht mehr hierarchisch zu sehen versucht.

2) Der Horizont der Welt

Der Weltbezug des Wohnens scheint sich durch die Geschlossenheit des ihm zugemessenen Bereichs von dem des Wanderns mit seiner prinzipiellen Offenheit zu unterscheiden. Dieser Unterschied läßt sich an der unterschiedlichen Beziehung beider zum *Horizont* festmachen, dem darum in diesem letzten Kapitel noch ein Stück weit nachgefragt werden soll. Während im Lauf der bisherigen Überlegungen das Wohnen ein gewisses Übergewicht zu haben schien, bekommt zum Schluß das Wandern noch einen eigenen, zugleich auf das Wohnen zurückweisenden Akzent.

„Horizont" kommt vom griechischen „horizein", abgrenzen, eine Grenze ziehen. Eine Grenze trennt zwei Bereiche, schließt, von dem je Einen her gesehen, dieses ein, das Andere aus. Entsprechend wurde in der Spätantike und im Mittelalter der Mensch, bzw. seine Seele, als Horizont zwischen dem Sterblichen und dem Unsterblichen, zwischen Zeit und Ewigkeit, zwischen dem Vergänglichen und dem Unvergänglichen angesehen.

Heute verstehen wir den Horizont als die Grenze des Blickfeldes, des sichtbaren Raumes, gewissermaßen als *die* einseitige Grenze schlechthin, die als solche kein Außerhalb ihrer mehr hat. Der

Horizont ist eine Linie, die doch keine Linie ist; sie ist nicht fest-legbar, nicht ermeßbar, nicht erreichbar. Gleichwohl sind wir si-cher, daß es einen Horizont gibt, auch jenseits des Augenscheins, auch da, wo er – wie in unseren gewohnten Lebensräumen zumeist – verstellt ist, von Häusern und Bäumen, aber auch von Bergen, Wäldern. Selbst, wenn er sich gleichsam selber verhüllt – wenn etwa im Sommerdunst Himmel und Meer ineinander überzugehen scheinen, wenn keine Linie mehr da ist, höchstens eine Ahnung von ihr – wissen wir, daß es einen Horizont gibt. Insofern können wir ihn nicht einfach als die Linie bestimmen, an der für unseren Blick Erde und Himmel zusammentreffen. Allenfalls können wir sagen, er sei die *ferne* Grenze zwischen Erde und Himmel; die blau-en Berge und die fernen Wälder sind selber Horizont.

Verstehen wir unter einer Grenze das, was das Vorwärtsgehen zu einem äußerlich gesetzten Halt kommen läßt, so ist der Hori-zont keine Grenze. Er ist sowohl Grenze wie Un-Grenze. Wenn wir uns ihm nähern, verschieben wir zwar den Horizont über ihn selbst hinaus, doch dieses „über ihn" ist dann gerade nicht mehr der Horizont selbst. Er nimmt sich im Verschobenwerden gleich-sam mit, er ist jedem möglichen Jenseits immer schon zuvorge-kommen. Es gibt keinen Raum, keine Welt, keine Dinge, die je-mals *jenseits des Horizontes* erreicht werden könnten, wir können keinen Schritt über ihn hinaus machen. In diesem Sinne ist nichts hinter dem Horizont.

Das Geheimnis des Horizonts liegt in dem Zugleich zweier in entgegengesetzte Richtungen weisender Momente: er bedeutet ei-nerseits Offenheit und unerreichbare Ferne; andererseits ist er ge-kennzeichnet durch seinen Grenzcharakter und durch die grund-sätzliche Bezogenheit auf unseren Blick, die wir auch eine Mit-gegebenheit mit unserem Blick nennen können. Der Horizont ist nicht zu fassen, nicht berührbar, und ist doch andererseits ganz präsent. Er ist die Ferne schlechthin, – und umgrenzt doch als die-se Ferne den Raum des Hierseins. In dem einen Sinn ist er stete Lockung und Herausforderung für das Wandern, in dem anderen kann er als die Grenze des Bereichs angesehen werden, innerhalb dessen sich das Wohnen ansiedelt.

Solche einbehaltende und einfriedende Grenze des Bereichs des Wohnens ist er, weil er den jeweiligen Sinnzusammenhang um-grenzt, der einen Raum als Wohn-Raum definiert. Sie gehört zu uns, scheint von uns abzuhängen, ist die Grenze *unseres* jeweiligen Raumes. Die äußerste Grenze ist gebunden an das Nächste, an den

Mittelpunkt, der der Blickende selbst ist, mit dem der Horizont mitwandert. „Horizont" in diesem Verständnis gehört zusammen mit „Situation" und „Standpunkt" (vgl. Gadamer, Wahrheit und Methode, 286). Wie der Raum überhaupt ist auch der Horizont nicht ohne uns, wie wir zugleich unsererseits nicht ohne Raum und nicht ohne Horizont, vielmehr immer auch von ihnen her sind. Spricht man von dem geistigen Horizont eines Menschen, so meint man die Grenze des Bereichs, der ihm aufgrund seiner spezifischen Kenntnisse, Fähigkeiten und Möglichkeiten zu Gebote oder offen steht.

Der uns umgebende Horizont hat trotz seiner zugleich gegebenen Offenheit und Unerreichbarkeit auch etwas Bergendes, Umschließendes an sich, schon, weil er *unser* Horizont ist. Unser jeweiliger Sinnhorizont de-finiert den Raum, innerhalb dessen wir uns relativ sicher, weil ein-gewöhnt fühlen können. Stellen wir uns einen Augenblick vor, es gäbe keinen Horizont, so wäre es, als gäbe es keinen Tod, wir wären in einem unendlichen Raum wie in einer unendlichen Zeit, verloren, umhergetrieben.

Doch es gibt eben auch den anderen Blick auf den Horizont. Der Horizont ist ebenso eine unfaßbare, geheimnisvolle Linie, die ganz fern und außer uns ist. Er ist nicht faßbar, nicht ermeßbar und erreichbar; es scheint keine Möglichkeit zu geben, einen Blick über ihn hinaus zu werfen, insofern er selbst nichts anderes ist als das letzte, unbestimmte Woraufhin jeden möglichen Blickens. Höchstens könnten wir unseren Blick über den Horizont schweifen lassen, etwa um nach den Anzeichen eines Gewitters, den ersten Strahlen der Sonne, einer nahenden Gefahr auszublicken. Wir scheinen den Horizont nicht überschreiten, nicht über ihn hinausblicken zu können, wir vermögen ihn so wenig zu erreichen wie den Fuß des Regenbogens.

Gerade als der ferne ist der Horizont jedoch zugleich etwas, das ruft und dazu lockt, ihm nahezukommen, um ihn zu überschreiten. Der so Gerufene blickt über den Horizont hinaus nach neuen Horizonten. Er sehnt sich, zu neuen Ufern aufzubrechen. „Nach neuen Meeren", im Angesicht des ungeheuren Blicks der Unendlichkeit, um mit Nietzsche zu reden. Hölderlin sagt in dem nach Kolumbus benannten Fragment: „So weit das Herz / mir reichet, wird es gehn." (Colomb) Der Horizont bleibt zwar eine Grenze, aber eine solche, die, weil sie zurückweicht, dazu auffordert, sie im Darüberhinausgehen immer wieder neu zurückweichen zu lassen, sie immer wieder neu und weiter in die Ferne hinauszusetzen. Wie weit reicht das Herz?

„Und immer / Ins Ungebundene gehet eine Sehnsucht", sagt ebenfalls Hölderlin (Hyperion). Das Ungebundene, Offene ist als solches jenseits des Horizonts, es ist das zwar immer noch nicht Er-
reichte, doch zugleich das gerade als solches Verlockende, Rufen-
de. Das Herz, das dem Sehnen und Suchen folgt, reicht über den
Horizont hinaus, wird zum „Blick über den Horizont". Für den
Sehnenden und Suchenden, für den Wanderer ist die Grenze des
Horizonts eine Herausforderung, etwas zu Übersteigendes, zu Über-
windendes. Über den Horizont zu blicken, das kommt einem Auge
zu, das sich nicht im Anschauen beruhigt. Das Jenseits zu sehen
oder auch nur zu ahnen, heißt, ihm nahekommen zu wollen. Der
Horizont ist Herausforderung zur Bewegung über ihn hinweg, und
sei es auch eine Bewegung im Traum. Was werden wir da sehen,
jenseits des Horizonts? Immer neue Horizonte? Die fernen Berge
hinter den fernen Bergen hinter den fernen Bergen.

Also gibt es im Grunde doch keinen gelingenden Blick über den
Horizont? Oder ist er nur nicht der Blick auf *etwas*, nicht der Blick
in eine irgend bestimmte oder bestimmbare Richtung? Jenseits des
Horizontes – ist Leere, Offenheit, Unsichtbarkeit, Nichts. Vielleicht
muß gerade der Blick, der sich inständig auf das Nahe, innerhalb
der Reichweite des Gesichtskreises Liegende richten will, zuvor
schon jene nichthafte Offenheit erfahren haben, die jenseits des
Horizonts des Sichtbaren und Denkbaren liegt. Vielleicht muß das
Jenseits des scheinbar Jenseitigen hereingeholt werden in die Diesseitigkeit des Hiesigen und Jetzigen, damit sich das Jeweilige je in
seinem eigenen Horizont zeigen kann.

Der Blick geht immer weiter und kommt doch auch immer zurück. Weil das Hier sich von dem Dort her bestimmt, zu dem es
sich aufmacht, – aber auch das immer neue Dort jeweils der neue
Horizont für das Hier und das Sich-hier-wissen ist. Ich denke, der
Blick über den Horizont, der Blick in den Raum, der Nichts ist,
muß in der Tat ein Blick sein, der zurückkehrt, *immer schon* zurückkehrt von der Offenheit, die nichts mehr zeigt, zu dem, was
sich diesseits ihrer, diesseits des Horizontes und doch auch innerhalb seiner, innerhalb der Offenheit abzeichnet. Der Blick, der von
der Ferne herkommend auf das Nahe fällt, gibt diesem seine eigene Bedeutsamkeit. Nur der Blick, der über den Horizont hinaus in
den Bereich des Diesseitigen zurückreicht, der immer schon zurückkehrt aus Nichts, vermag das Etwas, das Diesseitige als das
Eigentümliche, das es ist, wahrzunehmen, – ein Kleines oder Großes, Reiches oder Armes, Verschränktes oder Alleinstehendes. Der

Blick über den Horizont ist ein Blick, der sich in sich selbst um-
wendet. Ein aus dem räumlichen und zeitlichen Nicht-mehr immer schon zurückkehrender, sterblicher Blick. Er entstammt einem Wissen, das aus seiner Wanderschaft heraus und allein in ihr
zu wohnen versteht.

Anmerkungen

1. Der wenn auch zögernd beginnende wirtschaftliche Aufschwung im italienischen Mezzogiorno wie der in den letzten Jahren bereits vollzogene in Venetien stützt sich anscheinend gerade nicht mehr auf die großen Metropolen, sondern auf die halb-urbanen Gebiete.

2. Gleichwohl begegnen in der Dichtung – insbesondere in den ersten Jahrzehnten dieses Jahrhunderts – häufig Vergleiche der Großstadt mit dem Meer oder dem Ozean. So schreibt z.b. Benjamin: „Baudelaire spricht in das Brausen der Stadt Paris hinein wie einer, der in die Brandung spräche. Seine Rede lautet deutlich soweit sie vernehmbar ist. Aber es mischt sich etwas hinein, was sie beeinträchtigt. Und sie bleibt in dieses Brausen gemischt, das sie weiterträgt und das ihr eine dunkle Bedeutung mitgibt." (Charles Baudelaire, S. 171)
Oder ein anderes Beispiel für das Verstehen der Stadt in Bildern der Natur, wiederum von Benjamin: „Sich in einer Stadt nicht zurechtfinden heißt nicht viel. In einer Stadt sich aber zu verirren, wie man in einem Walde sich verirrt, braucht Schulung. Da müssen Straßennamen zu dem Irrenden so sprechen wie das Knacken trockner Reiser und kleine Straßen im Stadtinnern ihm die Tageszeiten so deutlich wie eine Bergmulde widerspiegeln." (Berliner Kindheit um Neunzehnhundert, Tiergarten, S. 9)

3. „Stärker als in den meisten anderen Kulturen setzen Bauten und Stadtgrundrisse in China den Menschen mit Kosmos und Natur in Beziehung. Eine besondere Wahrsagekunst, die Geomantik (fengshui), sorgt dafür, daß Häuser nur dort gebaut und Gräber nur an jenen Stellen angelegt werden, wo von Wind (feng) und Wasser (shui) oder anderen topographischen Voraussetzungen günstige Einflüsse ausgehen. Während die Geomanten im gebirgigen Süden Chinas viel zu erwägen hatten ...,
ist die Architektur in den Ebenen Nordchinas ein so deutliches Echo der Weltordnung wie kaum sonstwo auf Erden, und dies gilt nicht nur für repräsentative Bauten, sondern auch für Stadtanlagen und einfache Wohnhäuser. Am augenfälligsten ist die Ausrichtung der meisten Gebäude mit der Längsseite, ihrer 'Schauseite', nach Süden, wo das 'große Yang', die wärmende

Sonne, steht." (dtv MERIAN Reiseführer Peking-Nordchina, S. 199)

4. Die ethnologische Forschung hat inzwischen die Annahme widerlegt, daß es menschheitsgeschichtlich einen Fortschritt vom Nomadentum zur Seßhaftigkeit gäbe. Jene Annahme entsprang und entspringt – als Überzeugung von einer allmählichen Höherentwicklung des Menschen vom jagenden Nomaden zum seßhaften Landbewohner und schließlich zum Städter – einer europäischen und eurozentrischen Einschätzung, die ihre Kriterien und Wertmaßstäbe am Ende dieses durch den angeblich „hochentwickelten" Menschen bzw. Mann der weißen Rasse bestimmten Jahrhunderts endlich neu reflektieren sollte.

Zitierte Literatur

Asien: Straße, Haus. Eine typologische Sammlung asiatischer Wohnformen, Stuttgart/Zürich 1990.

Gaston **Bachelard**, Poetik des Raumes, München 1960.

Matsuo **Bashô**, Auf schmalen Pfaden durchs Hinterland, übers. v. G.S.Dombrady, Mainz 1985.

Walter **Benjamin**, Berliner Kindheit um Neunzehnhundert, Frankfurt/M. 1970

Walter **Benjamin**, Charles Baudelaire, Frankfurt/M. 1974.

Hans **Blumenberg**, Höhlenausgänge, Frankfurt/M. 1989.

Otto Friedrich **Bollnow**, Mensch und Raum, Stuttgart 1963.

Heinrich **Bosse**, Harald **Neumeyer**, Da blüht der Winter schön, Freiburg 1995

Pierre **Bourdieu**, Entwurf einer Theorie der Praxis, Frankfurt/M. 1976.

Bruce **Chatwin**, Was mache ich hier, Frankfurt/M. 1993.

Jean-Pierre **Le Dantec**, Neu lebe der Barock!, in: Lettre international, Heft 18, Berlin 1992

Vine **Deloria** Jr., God is red, New York 1973

Jaques **Derrida**, Generationen einer Stadt. Erinnerung, Prophetie, Verantwortlichkeiten. Liminarien, in: Lettre international, Heft 18, Berlin 1992.

Deutsches Wörterbuch von Jacob und Wilhelm **Grimm**, Bd.30, München 1984.

dtv MERIAN Reiseführer Peking-Nordchina, hrsg. v. Stefan Simons, Hans-Wilhelm Schütte, Liu Fangben, München 1990.

Marguerite **Duras**, Michelle **Porte**, Die Orte der Marguerite Duras, Frankfurt/M. 1982.

Mircea **Eliade**, Das Heilige und das Profane. Vom Wesen des Religiösen, Hamburg 1957.

Vilém **Flusser**, Auf, und, davon. Eine Nomadologie der Neunziger, Graz 1990

Michel **Foucault**, Die Ordnung der Dinge, Frankfurt/M. 1978.

Hans-Georg **Gadamer**, Wahrheit und Methode, Tübingen 1960

Olof **Gigon,** Antinomien im Polisbegriff des Aristoteles, in: Hellenische Poleis, IV, Berlin 1974.

Ute **Guzzoni**, Wege im Denken, Freiburg/München 1990.

–, Über Natur, Freiburg/München 1995.

–, Nichts. Bilder und Beispiele, Düsseldorf 1999

Bernd Hamm, Einführung in die Siedlungssoziologie, München 1982

Martin **Heidegger**, Hebel – Der Hausfreund, Pfullingen 1957.

–, Bauen Wohnen Denken, in: Vorträge und Aufsätze, Pfullingen 1954.

–, Das Ding, in: Vorträge und Aufsätze, Pfullingen 1954

–, Hölderlins Hymnen „Germanien" und „Der Rhein", GA Bd.39, Frankfurt/M. 1980.

Edmond **Jabès**, Ein Fremder, München /Wien 1993

Marie Luise **Kaschnitz**, Dein Schweigen – meine Stimme, München 1984.

–, Das Haus der Kindheit, Frankfurt/M. 1985

Erhart **Kästner**, Zeltbuch von Tumilat, Frankfurt/M.1978.

Lettre international, Heft 18, Berlin 1992

Giuliano **Moschini**, Urbane Utopien, in: Lettre international, Heft 18, Berlin 1992

Werner **Müller**, Neue Sonne, Neues Licht, hrsg. v. Rolf Gehlen und Bernd Wolf, Berlin 1981, 177.

Friedrich **Nietzsche**, Also sprach Zarathustra, Krit. Gesamtausgabe, hrsg. von Giorgio Colli und Mazzino Montinari, VI. Abt., Bd. 1, Berlin 1968.

Wilfred **Pelletier**, Ted **Poole**, Wie ein Baum. Ein Indianer erzählt sein Leben, Düsseldorf/Köln 1973

Franz **Rosenzweig**, Der Stern der Erlösung, (Der Mensch und sein Werk, Gesammelte Schriften II), Haag 1976

Hans **Schwalbe**, Japan, München 1989.

Richard **Sennett**, Civitas. Die Großstadt und die Kultur des Unterschieds, Frankfurt/M 1991

Georg **Simmel**, Die Großstädte und das Geistesleben, in: Brücke und Tür, Stuttgart 1957.

Peter **Sloterdijk**, Weltfremdheit, Frankfurt/M. 1993

–, Eurotaoismus, Frankfurt/M. 1989

Karlheinz **Stierle**, Der Tod der großen Stadt in: Die Großstadt als Text, hsg. v. M.Smuda, München 1992, (zu L.-S. Mercier).

Ursprungsmythen, Bd.2, Der verlorene Himmel, hsg. u. eingel. v. Olga Rinne, Darmstadt/Neuwies 1985

Frank **Waters**, Book of the Hopi, New York 1977

Wolfgang **Welsch**, Unsere postmoderne Moderne, Weinheim 1991.

Hans Georg **Wunderlich**, Wohin der Stier Europa trug, Hamburg 1972

PAR**E**RGA
Philosophie ... und andere Künste

Philosophie 1999

Hugues Jallon
D.A.F. Marquis de Sade
Eine Einführung
Aus dem Französischen von Cordula Unewisse
ca. September 1999, 13 x 21 cm, ca. 110 S., Br., ISBN 3-930450-36-4, DM 24.- / öS 175.- / sFr 23,40

Jochen Winter
Giordano Bruno
Eine Einführung
ca. September 1999, 13 x 21 cm, ca. 200 S., Br., ISBN 3-930450-37-2, DM 28.- / öS 204.- / sFr 27,20

Heinrich Graetz
Die Konstruktion der jüdischen Geschichte
Jüdische Geistesgeschichte Bd. 2. Mit einem Nachwort herausgegeben von Nils Römer. ca. Dezember 1999, 13 x 21 cm, ca. 110 S., Br., ISBN 3-930450-48-8, DM 29,80 / öS 218.- / sFr 29.-

Andreas Graeser
Philosophie und Ethik
Juli 1999, 13 x 21 cm, 184 S., Br., ISBN 3-930450-46-1, DM 34.- / öS 248.- / sFr 32,80

Ute Guzzoni
Nichts. Bilder und Beispiele
September 1999, 13 x 21 cm, 112 S., Br., ISBN 3-930450-39-9, DM 28.- / öS 204.- / sFr 27,20

Leo Dorner
Mimetikon I + II
Juli 1999, 13 x 21 cm, 246 S., Br., ISBN 3-930450-45-3, DM 38.- / öS 277.- / sFr 36,60

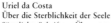

Uriel da Costa
Über die Sterblichkeit der Seele
Sämtliche Schriften. Übersetzt von Carl Gebhardt. Jüdische Geistesgeschichte Bd. 1. Mit einem Nachwort herausgegeben von Christoph Schulte. ca. September 1999, 13 x 21 cm, ca. 110 S., Br., ISBN 3-930450-47-X, DM 29,80 / öS 218.- / sFr 29.-

Peter Foos
L'objet ambigu in Philosophie und Kunst. Valéry, Kant, Deleuze und Duchamp im platonischen Differential
Juli 1999, 17 x 24 cm, 275 S., Br., ISBN 3-930450-41-0, DM 78.- / öS 569.- / sFr 73.-

Florian Uhl
Artur R. Boelderl (Hrsg.)
Rituale. Zugänge zu einem Phänomen
Schriften der Österreichischen Gesellschaft für Religionsphilosophie Bd. 1, September 1999, 13 x 21 cm, 263 S., Br., ISBN 3-930450-44-5, DM 38.- / öS 277.- / sFr 36,60

Bitte fordern Sie unser Gesamtverzeichnis an.

Schirmerstr. 18 • D-40211 Düsseldorf
E-Mail: info@parerga.de

PAR**E**RGA

Tel.: 0211/353691 • Fax: 0211/353692
Internet: http://www.parerga.de